R 2808.
5.

D 2227

R 18600

DE LA CONOISSANCE DE SOI-MESME.

TRAITÉ TROISIÉME.

DE L'ESTRE MORAL DE L'HOMME;
OU
DE LA SCIENCE DU COEUR.

Tome III.

A PARIS,
Chez ANDRÉ PRALARD, ruë S. Jacques,
à l'Occasion.

―――――――――――――――――

M. DC. XCVII.
Avec Privilege & Approbation.

DE LA CONOISSANCE DE SOI-MESME.

DU TRAITÉ
De l'Etre moral de l'Homme.

TROISIE'ME PARTIE.

Du cœur de l'homme, consideré par raport à la creature; & principal.ment par raport à son corps.

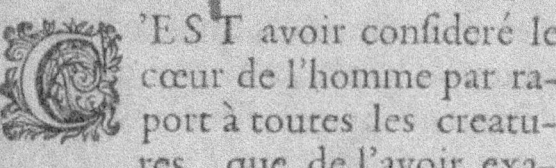'EST avoir consideré le cœur de l'homme par raport à toutes les creatures, que de l'avoir examiné par raport à son corps: puisque c'est par son corps qu'il a relation avec toutes les creatures, & qu'il tient à ses amis, à ses parens,

2 DE LA CONNOISSANCE
à ses compatriotes, en un mot au Ciel & à la Terre.

C'est donc sous ce regard que nous devons presentement considerer l'esprit & le cœur de l'homme : & nos reflexions sur cela se reduiront à ces deux principaux chefs. 1°. A faire voir que les impressions du corps sur l'esprit conspirent à nous cacher nos dereglemens & nos devoirs. 2°. A rechercher les causes de ces impressions, & les illusions que l'ignorance de de ces causes nous fait sur nos devoirs. C'est ce que nous ferons, aprés avoir jetté un coup d'œil sur les illusions les plus generales que les creatures, ou les objets sensibles font à nôtre esprit & à nôtre cœur.

Mais avant que d'entrer dans ces détails, il est bon d'avertir que quoiqu'on y explique physiquement un grand nombre d'actions, que l'on apelle vertus, & que l'on fasse voir que la vertu a peu de devoirs qui ne puissent être remplis en conséquence des seules dispositions du corps humain; on se doit bien garder d'inferer de là, qu'il n'y ait ni vertu ni pieté chez ceux même qui en font profession. Cela ne doit pas même rendre suspect ou douteux ce qui en paroît dans leur conduite. Le préjugé general d'estimer bon ce qui n'est pas évidemment mauvais, est une obligation: mais elle devient indispensable, lorsque les dehors de ceux dont on juge, n'ont rien que de regulier & de vertueux; & il y auroit de l'injustice à juger mal du dedans, sur l'équivoque de ces dehors.

L'usage donc que je souhaite qu'on fasse des détails de cette troisiéme partie, est de se les apliquer à soi-même; d'entrer en défiance des dispositions de son propre cœur, dans les actions que l'on croit les plus regulieres & les plus vertueuses; de s'examiner soigneusement sur cela: d'étudier les

4 DE LA CONNOISSANCE
dispositions actuelles où le corps se trouve dans le tems de ces pretenduës œuvres de pieté. De tâcher de discerner la part que ces dispositions ont à ces œuvres, de voir si elles n'en sont point les principales ouvrieres; car elles y entrent toûjours pour quelque chose ; & d'éviter enfin les funestes illusions où l'on peut tomber faute de ce discernement.

C'est là uniquement la vûë que j'ay euë dans cette partie ; & si j'y parle quelque fois des actions de vertu, comme si elles ne relevoient que des dispositions corporelles ; c'est à dessein d'exciter, dans le cœur du Lecteur, cette salutaire défiance de ses meilleures actions, dont le saint homme Job nous apprend qu'il étoit penetré dans toutes les siennes. *Verebar omnia opera mea.* Car dans le danger continuel où nous sommes d'être trompez ; il vaut bien mieux risquer de l'être par le defaut, que par l'excez d'estime pour ses œuvres.

SECTION I.

Des illusions les plus generales que les creatures, ou les objets sensibles font à nôtre esprit & à nôtre cœur.

LEs principales illusions que nous font les objets sensibles se reduisent 1°. à la vaine montre de qualitez ou de perfections qu'ils n'ont pas ; 2°. aux apparences trompeuses d'une activité, ou d'une efficace qui ne leur conviennent pas. Nous toucherons quelque chose de l'une & de l'autre : & puis nous en donnerons le remede.

CHAPITRE I.

Que les objets sensibles font illusion par la vaine montre de qualitez ou de perfections qu'ils n'ont pas.

I.

POur peu que l'on ait de lumiére, on convient assez avec le plus sage des Rois, qu'en ce monde tout n'est que vanité : & que tous les objets sensibles de nos attaches ne sont qu'illusion & que mensonge : *Vanitas vanitatum, & omnia vanitas*. Mais je ne sçai si l'on penetre bien tout le sens de cette maxime, ni si l'on donne à cette verité toute son étenduë.

II.

Le plus ordinaire, & presque l'unique sens qu'on lui donne, est qu'à une ame éclairée de la vraie lumiére, la distance qu'il y a du souverain bien, aux biens créez, doit paroître si énorme ; qu'en comparaison du souverain bien, les biens créez ne doivent passer que pour de vains & de faux biens. Mais on n'y soupçonne pas d'ordinaire d'autre vanité que celle de leur extréme petitesse, & de leur courte durée ; & du reste on n'hesite pas à leur attribuer réellement cette petite portion de perfections qu'ils offrent à nos sens. On ne doute point que les concerts, les comedies, les opera, les dignitez, les fruits, les liqueurs, les viandes, les astres, les pierreries, les metaux, les plantes, les fleurs, le corps humain, & tous les objets de nos passions n'aient ces couleurs, ces saveurs, ces odeurs, cet éclat & ces brillans qui nous charment & nous enchantent, & dont ils paroissent revétus.

III.

Ne reconnoissant donc point

dans ces biens d'autre vanité que leur courte durée & leur disproportion avec le souverain bien, on les lui sacrifie, il est vrai : mais on croit cependant lui faire un sacrifice considerable : parce qu'on ne doute pas que ces objets n'aient quelque chose d'aimable & de pretieux, & qu'ils ne puissent occuper agreablement nôtre cœur.

IV.

Que diroit-on donc, & de quels sentimens devroit-on être frapé, si l'on venoit à découvrir que ces objets n'ont pas même ces petits biens, ni ces minces perfections que les hommes éclairez ne regardent que comme de purs riens en comparaison du vrai bien ? ne devroit-on pas avec le Sage traiter ces objets non seulement de vanitez, mais aussi de vanitez des vanitez ? & en faudroit-il davantage pour desarmer, pour affoiblir, & pour aneantir toutes nos passions ?

V.

Que diroient ces voluptueux, ces extravagans idolatres du sexe; s'ils venoient à découvrir que quelques couches de fausses couleurs font leur illusion: que ces visages qui les charment ne sont que du plâtre, ou de la toile peinte; & qu'a leur égard ils éprouvent la même séduction qui arrive à tous ceux qui, sans y être preparez, voient pour la premiére fois ce spectacle qu'on apelle le cercle de Benoit? En faudroit-il davantage pour étoufer leur passion?

VI.

Que devroient donc penser tous les hommes, si on leur faisoit voir que le monde entier, & tout ce qui les y enchante le plus, n'est dans la verité qu'un cercle de Benoit, & même quelque chose de moins; & qu'en un mot les illusions de ce cercle ne sont qu'une foible image des perpetuelles impostures que leur font les objets de leurs passions ? rien cependant n'est plus certain.

VII.

Non : ni ces pierres pretieuses que vous estimez, ni ces diamans que vous admirez, n'ont ni les couleurs, ni l'éclat, ni le brillant que vous leur croyez.

Ces fleurs qui font toute vôtre atache, & qui enlevent tous vos soins, n'ont ni les couleurs ni les odeurs que vous leur attribuez.

Ces viandes, ces liqueurs pour lesquelles vous avez tant d'avidité, n'ont ni les gouts, ni les saveurs que vous y sentez.

Cette voix, ces divers tons, ces accords qui vous enchantent, n'appartiennent nullement à cette creature que vous faites chanter.

Vous mourriez de honte & de confusion, si vous voyez tel qu'il est, ce visage que vous idolatrez. Vous le trouveriez destitué de toute couleur; une surface inégale & raboteuse, formée du tissu d'une infinité de fibres entrelassées les unes dans les autres, & criblée d'une infinité de trous, par lesquels transpirent sans cesse les humeurs superfluës d'un corps qui se corrompt.

VIII.

Et qu'on ne s'imagine pas que ce ne soient icy que des exagerations de quelques mistiques outrés, qui ne jugent de ces choses que sur des lumières qui passent la portée du reste du monde. Il n'y a point d'esprits raisonnables, du moins de ceux qui ont renoncé à être les dupes de leurs sens, qui ne jugent des choses suivant les idées que nous venons d'en donner. La lumiére naturelle suffit pour cela. Il ne faut qu'un peu de raison, & que savoir mettre chaque chose à sa place, pour assurer que les objets, dont je viens de faire le dénombrement, n'ont point les qualitez que le vulguaire leur atribuë.

IX.

On devroit avoir honte d'être ainsi sans cesse le joüet de ses sens. Il faudroit se faire, avec Saint Augustin & les plus grands hommes, un devoir & un exercice de leur resister, & de dévoiler toute la nature, pour n'y voir que ce que les sages y voyent. Le mal est qu'on est dans une si longue & si ancienne possession de croire ses sens, sur leur parole ; qu'on ne les soupçonne pas même capables de tromper, & qu'on se fait un honneur de tourner en ridicules tant de sages qui ont étudié ces imposteurs, & qui les convainquent de séduction d'une maniére si constante & si uniforme.

Un témoignage de ce poids devroit du moins nous rendre suspect celui de nos sens ; & pour peu qu'à cette juste défiance nous voulussions joindre de reflexion : il seroit aisé de s'apercevoir de leurs illusions.

X.

Il nous est peut-être arrivé en nôtre vie d'avoir la jaunisse. N'est-il pas vrai qu'alors tous les objets nous paroissoient tellement jaunes ; qu'à n'en juger que par la vûë, nous aurions juré qu'ils l'auroient tous esté ; & que nous nous serions moquez de ceux qui auroient prétendu nous le contester ? Il n'est donc pas impossible que les choses nous paroissent réellement tout autrement qu'elles ne sont ; & il ne doit pas être incroyable que tous nos sens, chacun sur les objets qui leur sont propres, nous fassent la même illusion, que nos yeux nous faisoient alors.

XI.

Mais il n'est pas besoin d'avoir eu la jaunisse, pour s'apercevoir de cette illusion ; on voit tous le jours que telle étofe, qui regardée d'un côté, nous paroît d'une couleur ; regardée dans une autre situation, paroît d'une autre couleur. La gorge d'un pigeon, suivant les divers jours dont on la regarde, paroît de diverses couleurs.

XII.

Les couleurs de l'arc-en-ciel paroissent dans les nues, & on les y voit aussi veritablement que celles de tous les autres objets. Tout le monde cependant convient qu'elles n'y sont point. Il en est de même de celle que l'on voit par le moyen d'un prisme de verre : de même encore de ces rayons que l'on voit partir de la flamme d'une chandelle, lorsqu'on est dans un lieu obscur, & s'étendre dans tout l'espace compris entre la chandelle & le lieu d'où l'on la regarde. Pourquoy donc les autres couleurs conviendroient-elles plus réellement à leurs objets, que celles-cy aux sujets ausquels nous les atribuons ? & quelle difference y a-t-il, par exemple, entre celles de l'arc-en-ciel & celles des autres objets ; sinon que le sujet apparent de celles de l'arc-en-ciel, est moins fixe & moins durable que celui des autres ?

XIII.

Le feu, qui d'une certaine distance paroît si agreable, devient insuportable, si l'on s'en aproche de plus prés. Est-ce qu'il change réellement à mesure qu'on s'en aproche, & que le seul voisinage d'une main est capable de faire perdre à cet elément la qualité agreable qu'il avoit ? la même bizarerie arrive au musc senti de loin & de prés ; & aux liqueurs prises modérément ou avec excés. Rien peut-il mieux marquer que ces objets n'ont point les qualitez que nous leur atribuons, & que ce n'est que par le mouvement de leurs parties sensibles ou insensibles qu'ils agissent sur nos organes ? Mais si l'on en doutoit encore : on n'auroit qu'à revoir les preuves que nous en avons données dans les septiémes Reflexions de la deu-

16 DE LA CONNOISSANCE
xiéme Partie du second Traité de cet Ouvrage.

XIV.

Que si ces qualitez que nous a-tribuons aux objets, n'y sont point veritablement, que sont-elles autre chose que des sentimens de nôtre ame, dont elle se dépoüille, pour les attacher à ces objets ? peut-on concevoir une illusion plus grossiére, que celle d'atribuer aux corps des perfections qu'ils n'ont point ; & de se dérober à soi-même celles que l'on possede effectivement ? Et n'est-ce pas tout ensemble se méconnoître soi-même & tous les objets dont on est environné ?

XV.

Il est donc vrai que tout ce monde visible nous fait illusion : car tout ce monde ne nous frapant que par la lumiére & les couleurs, par les sons, les saveurs, les odeurs &c. & toutes ces qualitez n'étant que des maniéres d'être de nôtre ame : ce monde, à cet égard, n'a rien de ce que nous lui atribuons : ce qui nous paroît en lui de plus admirable ou de plus aimable, fait partie de nous-mêmes; & nous possedons, sans le savoir, ses prétenduës richesses.

CHAPITRE II.

Que ces illusions corrompent le cœur.

I.

IL ne faut pas s'imaginer que ces illusions ne regardent que l'esprit, & qu'elles ne soient de nulle consequence pour la Morale. Elles passent de l'esprit au cœur. Elles vont jusques à le corompre; & forment même une des plus fécondes sources de sa coruption.

II.

Ce cœur a le malheur d'être remué par de simples aparences,

comme par des réalitez: l'aparence d'un objet agreable lui donne de vrais plaisirs; & ces plaisirs le corompent en faveur de cet objet. Ces plaisirs l'atendrissent, l'affoiblissent, & l'atachent aveuglément à cet objet revêtu de ces fausses aparences; & c'est peutêtre ce que le Sage a voulu marquer par ces paroles: *Fascinatio nugacitatis obscurat bona, & inconstantia concupiscentiæ transvertit sensum.*[a]

[a] Sap. 4.

III.

Qu'est-ce qui corompit le cœur du plus saint des Rois? qu'est-ce qui en fit, en un moment, d'un cœur juste, pur & débonnaire, un cœur injuste, adultere & homicide? quelque apparence de blanc & de rouge sur le visage d'une femme.

IV.

Qu'est-ce qui forme le plus dangereux enchantement de l'Opera? qu'est-ce qui fait que ceux mêmes qui voudroient s'y trouver, sans faire usage de leurs yeux, ne pourroient, avec cela, éviter d'y recevoir, dans le cœur, de funestes blessures ? Quelques apparences de sons & d'harmonies dans la gorge de quelques femmes.

V.

Qu'est-ce qui excite l'amour du vin, des liqueurs & de la bonne chere ? quelques apparences de saveurs delicieuses dans ces alimens.

VI.

Qu'est-ce qui fait le plus grand charme des fleurs & des parfums ? quelques apparences d'odeurs agreables qu'on leur atribuë.

VII,

Et ainsi il se trouve que des ombres, des phantômes, de pures aparences de qualitez flateuses forment la réalité des erreurs de nôtre esprit, la violence de nos passions, & la coruption des inclinations de nôtre cœur.

CHAPITRE III.

Que les objets nous font illusion par les aparences trompeuses d'une activité ou d'une efficace qui ne leur conviennent pas.

I.

IL se trouvera sans doute des gens assez éclairez, pour s'être affranchis de ces erreurs, & pour reconnoître que les corps n'ont nulles des qualitez que nôtre imagination leur atribue. Mais ils ne pouront s'empêcher de croire que ces corps ont du moins le pouvoir de leur en causer le sentiment; & qu'ainsi le feu, par exemple, nous cause de la chaleur, de même qu'une épingle nous cause de la douleur, sans en avoir. Mais cette seconde illusion n'est gueres moins grossiére, ni moins dangereuse que la premiere.

II.

Elle n'est pas moins grossiére : car comme c'est un principe incontestable qu'il ne peut y avoir plus de perfection dans l'effet, que dans la cause ; nos sentimens étant des espêces de pensées, & par consequent d'une bien plus grande perfection que les corps, qui sont incapables de penser : il est ridicule de s'imaginer que les corps soient les vrayes causes : je veux dire les causes effectives de nos sentimens. Ils n'en sont que de pures occasions : Dieu seul en est la vraye cause effectrice ; & il les produit si librement en nos ames ; qu'il auroit pû, s'il eût voulu, sans rien changer dans nôtre corps, attacher l'amertume & le desagrément à tous les objets ausquels il a aujourd'huy attaché la douceur & le plaisir. Je ne m'arrête pas à prouver ces veritez : on l'a fait suffisamment dans le second Traité de cet Ouvrage.*

* *Quatriémes Reflexions de la 2. Partie.*

Cette illusion n'est pas moins dangereuse : parce qu'il est tres-difficile de se défendre d'aimer ce qu'on reconnoît pour la cause de son plaisir. Le plaisir, ainsi que nous l'avons déja remarqué, attendrit le cœur, & le porte à aimer & à rechercher avec passion ce que l'on en regarde comme la cause. C'est donc assez de regarder les corps comme les causes de ses plaisirs, pour en devenir esclave, & leur livrer son cœur. Peut-on imaginer une plus dangereuse illusion, que celle qui livre à la creature, & à la plus basse des creatures, des cœurs qui ne sont faits que pour Dieu ? Quel remede à de si funestes séductions ? c'est ce qu'il faut voir dans le Chapitre suivant.

CHAPITRE IV.

Remede à ces illusions.

I.

LE grand secret pour se preserver de ces illusions, ou pour les dissiper, est de demasquer sans cesse toute la Nature; de dépoüiller les objets de nos sens de tout ce qui ne leur appartient pas; & de leur enlever ces charmes imposteurs qui nous séduisent. Il faut leur dire à peu prés ce qu'un Philosophe profane vouloit autrefois qu'on dît aux plus terribles apareils des plus cruels tourmens: *Tolle pompam istam sub qua lates, & stultos territas.* Déposez cette pompe & ces vains ornemens sous lesquels vous vous cachez, & dont vous vous servez pour surprendre & séduire les esprits foibles; & il se trouvera que vous n'avez rien que de bas, que de méprisable, que d'indigne de l'affection du cœur humain.

II.

Non, Cieux, Astres & Meteores, vous n'avez ni cette splendeur, ni cet éclat dont vous nous faites montre, ni ce bruit & ces éclairs dont vous nous menacez ; non, terre, plantes, metaux & animaux, vous n'avez ni ces couleurs, ni ces saveurs, ni ces odeurs, ni ces delices dont vous faites parade. A quiconque vous regarde avec les yeux de la raison & de l'intelligence, vous n'êtes que des amas de matiere, percez d'une infinité de tuyaux ; & vos surfaces ne sont que des toiles criblées d'une infinité de trous propres à laisser passer ce qui se corrompt & se dérange dans vôtre sein.

III.

Pauvres gens que nous sommes ! lorsque nous courons aprés les objets sensibles, nous courons aprés nôtre ombre, puisque effectivement

ment ils n'ont que de l'ombre & les vaines apparences des qualités dont nous possedons, pour ainsi dire, le corps & la réalité.

3. part. Sec. 1.

IV.

Demasquons donc encore une fois toute la Nature, & ôtons lui non seulement des qualitez qu'elle n'a pas ; mais aussi une force & une efficace qui ne lui appartiennent pas. Disons souvent aux objets de nos illusions : Que vous estes laides, que vous estes insipides, que vous estes dégoutantes creatures qui nous paroissiez si agreables ; mais que vous estes foibles, que vous estes impuissantes, que vous estes incapables de nous faire ni bien ni mal, creatures de qui nous nous imaginions tenir tout nôtre bonheur : vous aime & vous craigne qui voudra : pour moy, je ne vous trouve ni aimables ni redoutables, & je n'ay pour vous qu'un profond mépris.

V.

3. part.
Sec. 1.   Mais en même tems que nous découvrons ainsi les defauts & les foibles des creatures, rendons gloire au Createur, & reconnoissons qu'à lui seul appartient la beauté, la perfection, la puissance, la force & l'efficace : & par consequent n'aimons & ne craignons que lui : puisqu'il n'y a que lui de vraiment aimable & redoutable.

SECTION II.

3. part. Sec. 2.

Que les impressions du corps sur l'esprit conspirent à nous cacher nos déréglemens & nos devoirs.

CHAPITRE I.

Obligation d'examiner les mouvemens de son cœur par rapport aux impressions du corps.

I.

IL faut avoüer que l'homme est un étrange paradoxe. Il s'aime & s'estime sans mesure. On ne peut aimer ni estimer que ce que l'on connoît ; & cependant il n'apprehende & ne fuit rien tant que de se connoître.

II.

Si vous lui dites qu'il est composé de deux êtres trez-differens, l'esprit & le corps : vous l'embarassez. A quoi bon, dit-il, tant de distinctions & de differences ? l'homme est-il different de lui-même ? son essence est-elle divisible ? n'est-il pas parfaitement un, & toûjours le même ?

III.

Si vous lui representez son ame comme un être pensant, qui n'a nulle des proprietez des corps, qui n'est ni étendu, ni répandu dans les diverses parties du corps humain, qui n'a ni figure, ni situation, a proprement parler; qui n'occupe ni lieu ni espace; qui n'est ni divisible, ni capable de mouvement local : Bon Dieu, se récrie-t-il, que tout cela est abstrait & metaphysique, & qui peut concevoir une telle ame !

IV.

Vous croyez donc trouver mieux vôtre conte à le ramener à son corps, & à tenter, par là, de lui faire faire connoissance avec lui-même. Et en effet il semble qu'il y ait lieu de le trouver plus traitable par cet endroit : car ce n'est guéres que par là qu'il se regarde. C'est là, selon lui, tout son être : il n'en connoît que ce qui frape les sens ; & c'est pour cela qu'il a tant de peine à se persuader qu'il y ait en lui quelque chose au dessus du corps. Il semble donc que vous deviez trouver une merveilleuse facilité à le mener, par là, à l'étude de lui-même : mais vous n'y êtes pas encore.

V.

Il est vrai que vous pourez trouver vôtre conte, si vous voulez vous borner à ne lui parler que de la taille, de l'air & du tour de ce corps : si vous vous retranchez à la consideration de sa grandeur, de sa beauté, de sa force, de sa souplesse, de son

3.part.
Sec. 2.
agilité, de sa vigueur, de son adresse. Enfin il vous écoutera même avec plaisir, pourvû que vous en demeuriez à cette écorce & à cette surface; & que vous ne lui disiez de cette partie de lui-même qu'il regarde comme son tout, que ce qu'un Maître à danser, ou un Maître d'armes pouroient lui en dire.

VI.

Mais si vous voulez passer plus avant : si vous pretendez lui démêler les principaux ressorts de son corps : je dis même ceux qui le rendent capable de ces mouvemens dont il se flate tant, & de ses exercices qui lui font tant de plaisir. Si vous entreprenez de lui marquer quel est dans ce corps le premier mobile de ces mouvemens; quels sont ceux qui excitent ses passions; qui réveillent ses inclinations; qui redoublent ses penchants; qui le rendent de bonne ou de mauvaise humeur:

content ou chagrin : traitable ou intraitable : Si, dis-je, vous tentez de lui expliquer ces choses : dés là vous le cabrez : vous le gendarmez : vous le revoltez. Quoi donc, vous dira-t-il, faut-il être anatomiste, pour se connoître soi-même ? faut-il aller foüiller depuis le matin jusqu'au soir dans les veines & dans les nerfs, pour voir quelle sorte de sang & d'esprits y circulent ; faut-il s'aler perdre dans cette forest de fibres du cerveau, pour en remarquer les agitations, les inflexions & les traces infinies ? est-ce qu'on ne s'étoit jamais bien connu avant cette nouvelle Philosophie ?

VII.

Enfin c'est assez à la plûpart des gens de se connoître comme on connoît les statuës & les tableaux dans un cabinet. Peut-être vous permettront-ils d'aler un peu plus avant, s'il s'agit de la santé de leur corps : mais s'il est question de celle de l'ame: s'il est necessaire de découvrir ce qui y excite ces grandes & subites émotions, ces accez d'ambition, de vengeance & de colere: ces chagrins & ces emportemens: ces ennuis & ces mélancolies: ces transports & ces rages: quoique ces revolutions & cent autres semblables aient presque toûjours leurs sources dans quelques mouvemens du corps; on ne veut ni les rechercher, ni les demêler, ni les connoître: & par une stupidité qu'on ne peut comprendre, l'homme si different des bêtes, sur tout, par la liberté, aime mieux se laisser enchaîner, sans savoir par qui, & conduire, sans savoir où: que de donner quelque application d'esprit à se mettre en état de conduire lui-même ses aveugles conducteurs; de secoüer la tirannie de son corps, & de domter ses passions, en moderant les ressorts d'une aussi incommode machine que celle à laquelle il est uni.

VIII.

Cependant comme il est peu de devoirs plus essentiels que ceux-ci ; il est peu de connoissances plus importantes que celle-là : puisque de là dépend le discernement si necessaire du principe de nos actions. Et il ne faut pas s'imaginer que ce discernement soit si aisé : elles peuvent naître également ou de la charité, ou de la cupidité, ou des impressions que nous recevons par le corps. Un illustre Auteur a fait voir avec la derniere évidence * que la charité a peu de devoirs & d'actions, pour heroïques qu'elles paroissent, qui ne puissent estre si bien imitées par l'amour propre & par la simple honnesteté, que non seulement on ne les distinguera pas au dehors ; mais qu'on ne poura même les démêler dans le cœur d'où elles partent.

* *Essais de morale, 3 volum. Trait de la charité & de l'amour propre.*

3. part.
Sec. 2.

IX.

Et je crois pouvoir faire voir aussi qu'il n'est gueres moins difficile de démêler les actions de charité d'avec celles qui viennent des impressions du corps ; & que la vertu a peu de devoirs, qui ne puissent estre remplis en consequence de ces impressions, & dans lesquels elles n'entrent plus ou moins.

X.

Comme donc la difficulté de démêler la charité d'avec l'amour propre, dans nos actions, ne nous dispense pas de travailler à ce discernement ; la difficulté de démêler les actions qui viennent de la charité d'avec celles qui viennent des impressions du corps, nous dispense aussi peu de nous occuper de cette recherche & de ce discernement.

XI.

On est même d'autant plus obligé de s'appliquer à ce dernier, que, quoique difficile, il l'est cependant bien moins que le premier. La raison de la difficulté de celui-ci, est que l'amour propre, pour peu qu'il se déguise, n'est pas aisé à reconnoître : quand il est éclairé & qu'il va par raison à ses fins, ses livrées ne se distinguent pas sensiblement de celles de la charité : au lieu que les impressions du corps sont d'ordinaire tres-reconnoissables ; & pour peu qu'on s'étudie : il est facile de s'en apercevoir. L'amour propre est difficile à reconnoître : parce qu'il se déguise : mais les impressions du corps sont incapables de se déguiser. Ce n'est que nôtre negligence, nôtre inaplication, nôtre dissipation, ou tout au plus leur foiblesse qui nous les cache. Mais lors même qu'elles sont si foibles, qu'elles ne peuvent se faire apercevoir par elles-mêmes: elles peuvent estre aperçuës à leurs effets ; & si ce n'est pas dés la premiere fois, c'est du moins apréz quelques épreuves sensibles. C'est ainsi qu'on les reconnoît, lorsqu'il s'agit de la santé du corps : pourquoi ne s'y prendre pas de même, lorsqu'il est question de celle de l'ame ?

XII.

Enfin on ne perd rien à s'étudier ainsi ; & les moindres conjectures que l'on puisse former sur cela, sont toûjours tres-utiles. Vous craignez, par exemple, que ce ne soient les impressions que vôtre corps reçoit d'une telle situation, d'un tel air, d'un tel aliment, de tels objets sensibles qui vous causent dans le cœur ces sentimens dangereux & ces mouvemens dereglez : prenez le plus seur : suposez effectivement que ces impressions en soient la vraye cause ; & prenez le parti de les arêter, en vous retranchant l'usage de ces objets. Si cette tentative réussit : vous connoissez la

cause de vos maux, & le moyen *3.part.*
de vous en preserver. Mais en tout *Sec. 2.*
cas, vous ne perdrez rien à cet
essay : au contraire ce retranche-
ment volontaire vous tiendra lieu
de merite, & vous accoûtumera à
vous passer, plus aisément, de l'u-
sage des choses sensibles : ce qui
n'est pas un petit bien.

XIII.

Il est donc visible qu'étudiant
ainsi les diverses impressions que
l'on reçoit par le corps, leurs diverses causes, & les divers mouvemens qu'elles excitent necessairement dans le cœur ; on se met en
état non seulement de démêler ce
qu'il y a de naturel dans ces mouvemens : mais aussi de les arester
tout-à-fait, s'il le faut, en évitant
ces impressions, & de secoüer en
partie le joug & la tirannie d'une
machine, aux mouvemens de laquelle il est si dangereux de se laisser
conduire ou emporter.

CHAPITRE II.

Combien les impressions que l'esprit reçoit par le corps, entrent dans nos mœurs, & ont de pouvoir pour les varier.

I.

3. par.
Sec. 2.

IL est incroyable à ceux qui ne se sont pas étudiés, combien ces impressions sont capables de remuer le cœur humain, d'y exciter de bonnes ou de mauvaises dispositions ; & d'y mettre le calme, ou la tempeste. Une piqure d'épingle y peut causer les plus grands boulversemens : un seul coup d'œil peut en faire, en un instant, le cœur du monde le plus injuste, du plus juste qu'il étoit ; & il peut au contraire le faire passer de la derniere injustice à la justice. David nous fournit un illustre exemple du premier, &

Saint Pierre nous en donne un du 3 part.
second. Enfin les plus grandes re- S.e. 2.
volutions dans le cœur de l'hom-
me ; & même dans le Gouvernement des Estats, ne doivent le plus
souvent leur naissance, qu'à quelque foible impression du corps sur
l'esprit.   I I.

Ce ne sont pas simplement ces
impressions si vives ; & pour ainsi
dire si palpables, comme la faim,
la soif, le grand froid, & le grand
chaud, les douleurs, les plaisirs &
les désagrémens des sens qui nous
remuent ; Tout le monde sait combien tout cela contribuë à nous rendre de bonne ou de mauvaise humeur, enjoués ou chagrins, doux, ou
emportés, traitables, ou intraitables;
reglés ou dereglés, justes, ou injustes. Ce sont même ces impressions
sourdes & presque imperceptibles:
ou du moins qui ne se laissent connoître qu'à ceux qui s'étudient eux
mêmes : parce qu'elles naissent de
causes plus cachées ; comme celles

3 part. qui viennent du mouvement du
Sec 2. sang & de celui des esprits; de la
nature de celui là & des qualitez
de ceux-cy: de leur plus ou moins
de grossiereté, de solidité, ou de
delicatesse: du battement des poumons, du cours des humeurs, de
leurs diverses qualités, du plus
ou moins de flexibilité dans les
nerfs, dans les muscles, dans les
fibres &c. Il n'y a pas une de ces
dispositions qui ne produise dans
l'ame quelque impression plus ou
mois agreable ou desagreable. Elles
y agissent quelquefois separément
& quelquefois toutes ensemble.
Mais c'est d'ordinaire si sourdement; que quoique l'on soit frapé
de l'impression; on ne sait presque
à qui s'en prendre: car comme elles
ne sont jamais sans agir, les unes
ou les autres; & qu'on ne s'aperçoit point de ce qui est habituel,
ou continuel; il arrive souvent
qu'on ne sent que trop les effets,
sans en connoitre les causes; &

d'ailleurs ces causes sont quelquefois en si grand nombre, qu'il n'est pas aisé de les démêler.

III.

Ainsi l'on se trouve souvent triste & morne, chagrin & abbatu, tiede & froid pour les choses de pieté, sec & atride, dissipé & inapliqué; sans qu'on en puisse dire la raison, ou qu'on en ait aucun sujet apparent. D'autre fois on se trouve guay & ouvert, vif & ardent, tendre & sensible, recueilli & appliqué aux choses de pieté, sans savoir pourquoy : bien qu'assurement tout cela ait d'ordinaire son fonds dans les dispositions de la machine; & que ces dispositions dépendent elles-mêmes de l'action continuelle de tous les corps de dehors dont elle est environnée.

IV.

Il y a une espéce d'enchainement dans nos defauts & nos foiblesses. L'atachement du cœur pour un objet qui ne le merite pas, ne vient souvent que de la petitesse d'esprit, qui ne permet pas de le considerer de tous ses cotez. La petitesse d'esprit ne vient que de ce que sa capacité, toute bornée qu'elle est, se trouve partagée par des sentimens ou trop vifs, ou en trop grand nombre. La vivacité & la multitude de ces sentimens, ne viennent que de la delicatesse des organes, & de ce que l'on fait trop d'usage de ses sens; & ainsi du premier au dernier, ces attaches du cœur ne viennent que des dispositious du corps.

CHAPITRE III.

Que les impressions que l'esprit reçoit par le corps ne l'unissent pas simplement à ce corps & à toutes les choses sensibles; mais même qu'elles l'en rendent esclave.

I.

JE ne perdray point icy de tems à faire voir que les impressions que l'esprit reçoit du corps, l'unissent à ce corps: c'est une affaire faite dans le second Traité de la connoissance de soi-même : Ceux qui ne s'en souviennent pas, peuvent le revoir. Mais pour montrer clairement que ces mêmes impressions en unissant l'esprit à ce corps, l'unissent en même tems à toutes les choses sensibles, & l'en rendent esclave; Il ne faut que prier les gens de faire reflexion qu'il n'y a pas un objet sensible ni dans le Ciel, ni sur la Terre qui ne puisse agir immediatement, ou mediatement sur ce corps; ébranler ses organes, & causer dans le cerveau, quelque émotion d'esprits: Car cette émotion en cause necessairement une dans l'ame, qui la tourne vers ces objets; & qui souvent l'y attache si violemment, qu'elle en devient esclave.

III.

En effet on devient esclave des objets dont on ne peut se détacher, ni éluder l'impression: Or dés que l'ébranlement que les objets sensibles causent dans le corps, est parvenu jusqu'au cerveau, l'ame ne peut ni en éluder l'impression, ni se détacher par ses propres forces de ces objets, si cette impression est flateuse. Elle ne peut naturellement s'empêcher ni de sentir de la douleur, lorsqu'on frape rudement le corps auquel elle est unie, ni d'aimer avec atache les objets qui lui causent des senti-

mens de plaisir. Et tout cela arive *3. part.*
ainsi en consequence de ces dépen- *Sec. 2.*
dances douloureuses & humilian-
tes qne l'esprit contracte par son
union avec le corps, comme
nous l'avons fait voir dans le second Traité.

III.

Ainsi l'esprit de l'Homme n'est
pas simplement uni; il est même
asservi à son corps; & par son corps,
à ses parens, à ses amis, à ses con-
citoyens, à ses compatriottes; que
dis-je ? il est même esclave de son
chien, de son chat, d'un oiseau,
d'un bijou, d'une bagatelle: tout
cela plus ou moins, suivant
les differences presque infinies des âges, des sexes, des emplois, des conditions, des temperamens & des interets; & il n'y a
que la grace de JESUS-CHRIST qui
puisse affranchir l'Esprit humain
de cette dépendance.

IV.

On aura, sans doute, peine à

croire qu'on soit ainsi esclave de toutes choses. J'aime tels & tels, dira-t'on, mais je n'en suis point esclave : j'aime mon chien, j'aime mon oiseau, mais sans attache. C'est ainsi que l'on parle, tant qu'on possède les choses. On ne sent point ses ataches, tant qu'on en jouit : voulez-vous vous les rendre bien sensibles, sevrez-vous de ces choses : separez-vous en ; & vous verrez, par le déchirement de de vôtre cœur, s'il n'y estoit point ataché, s'il n'en estoit point esclave. C'est la privation, c'est la separation des choses, qui nous peut aprendre combien nous y tenons.

V.

Est-il vraisemblable que cette femme qui est inconsolable sur la mort de son chien, qui ne dort point depuis qu'elle l'a perdu ; n'en fut point esclave ? Ce joüeur qui fait cent imprecations contre le Ciel, sur l'argent qu'il perd : Cet autre qui perd le boire, le manger, le sommeil, & qui passe les jours & les nuicts pour regagner une somme d'argent qu'il a perduë; ne sont-ils point esclaves de cet argent?

VI.

C'est une erreur de croire qu'on ne puisse estre esclave des choses insensibles. C'est l'attache du cœur qui fait l'esclavage; & si vous avez plus d'attache pour vôtre chien, ou pour vôtre argent, que pour la justice : vous estes moins esclave de la justice que de vôtre argent & de vôtre chien.

VII.

Bon Dieu! qu'à ce conte il y a d'esclaves en ce monde. Souvent ceux qui se croyent les plus libres, sont les plus esclaves. Les hautes places, les situations les plus élevées portent souvent les plus grands esclaves; Qui se croit plus libre, que celui qui est plus independant selon le monde, que celui qui est plus grand Seigneur?

3. part.
Sec. 2.

Il est certain, cependant que les grands Seigneurs sont d'ordinaire les plus esclaves. Un païsan ne tient qu'à sa chaumine & à sa famille, au lieu qu'un grand Seigneur tient comme d'autres l'ont déja remarqué, à de grosses terres, à de belles maisons, à un grand nombre de domestiques & d'Officiers; & par un paradoxe surprenant, ce grand Seigneur est esclave de ses esclaves mêmes. Doutez-vous de son esclavage? voyez-le partir pour quelque voyage, jettez les yeux sur son Equipage. Tous ces Chariots, ces Fourgons, ces Mulets, cette foule d'Officiers & de valets sont autant de chaînes qui l'environnent. Si un seul Officier ne peut le suivre, son cœur est déchiré. Il se forme de toutes ces diverses parties une espêce de machine trez-difficile à remuer. On voit ce grand Seigneur attendre les heures entières que sa machine soit prête. Il s'inquiéte, il s'agite,
il peste,

il peste, il s'emporte, & ne peut partir. Voulez-vous en savoir la raison ? Son postillon cherche ses bottes : & ainsi il n'est pas jusqu'à un postillon, jusqu'à un marmiton à qui ce grand Seigneur, ce pretendu Souverain ne tienne.

VIII.

On a déja remarqué qu'un Capitaine, un General d'Armée tient à tous ses Soldats, non seulement parce qu'il ne peut rien executer sans eux ; mais particulierement parce qu'il leur doit l'exemple & la conduite ; & autant de Soldats qu'on lui enleve, sont autant de parties de lui-même qu'on lui arrache : il leur est souvent plus uni qu'à son propre corps, plus ataché qu'à sa vie ; & il exposera cent fois celle-ci, plûtôt que de s'exposer à perdre leur estime, & à leur donner mauvais exemple, en se ménageant ; & ainsi il est esclave de ceux à qui il commande, & c'est la plûpart du tems son esclavage qui fait sa bravoure & sa valeur.

IX.

L'esclavage de l'esprit humain, en conséquence des impressions du corps, est donc beaucoup plus étendu, qu'on ne peut s'imaginer. Mais il est aussi beaucoup plus funeste, & rien n'est plus propre à aveugler l'esprit, & à corrompre le cœur. En effet, un esprit borné & partagé par tant de divers sentimens est-il bien disposé à s'appliquer aux idées intelligibles, qui seules peuvent l'éclairer? Un cœur ainsi lié & enchaîné par le plaisir ou la douleur, a-t-il assez de liberté, pour suspendre son consentement & le jugement de son amour? L'aveuglement de l'esprit & la corruption du cœur sont donc les suites naturelles de cet esclavage ; mais il faut faire voir l'un & l'autre un peu plus distinctement.

CHAPITRE IV.

Que les impressions que l'esprit reçoit par le corps, le couvrent de tenebres, & l'aveuglent.

I.

POur reconnoître cette verité, c'est assez de faire reflexion que toutes les impressions que l'esprit reçoit par le corps, sont ou de pures sensations, ou des idées sensibles.

II.

Si ce sont de pures sensations; elles sont toutes fausses, elles renferment de faux jugemens; & par consequent elles ne sont propres qu'à aveugler.

Elles sont fausses & renferment de faux jugemens; par deux raisons.

3.part.
sec.2.

1. Parce qu'elles nous font regarder comme dans les objets de dehors ce qui n'est que dans nôtre esprit. Par exemple, la sensation de douleur qui nous revient d'une piquure au bout du doigt, nous fait regarder comme dans la main, ce qui n'est que dans l'ame ; le sentiment de douceur que nous éprouvons en mangeant du miel, nous fait attribuer au miel cette douceur, qui n'est que dans nôtre ame.

2. Parce qu'elles nous portent à regarder les objets de nos sens comme les vrayes causes de nos sentimens. Ainsi la plûpart des gens, je dis même de ceux qui sont desabusés des qualités sensibles, & qui ne donnent ni la douceur au miel, ni la douleur à l'épingle ou à la main, s'imaginent neanmoins encore que le miel & l'épingle sont les vrayes causes physiques des sentimens que nous éprouvons dans leur usage.

III.

Si les impressions que l'esprit reçoit par le corps sont des idées sensibles, c'est-à-dire des idées jointes à des sentimens; outre qu'elles participent aux défauts que nous venons de remarquer dans les sensations; elles ont encore l'obscurité & la confusion, & par là elles ne sont bonnes qu'à couvrir l'esprit de tenebres, & qu'à l'aveugler.

VI.

Mais ce qui les rend encore les unes & les autres beaucoup plus propres à produire cet effet; c'est que ces sensations & ces idées, en tant que sensibles, sont de vrayes maniéres d'être de l'ame, lesquelles la touchant, la modifiant, & faisant comme partie d'elle-même, l'apliquent si vivement & si fortement, & remplissent tellement la capacité qu'elle a de penser, qu'elle devient aveugle pour tout le reste; & que les plus claires idées des plus grandes verités (qui seules peuvent éclairer l'esprit) en font naturellement éclipsées. Car comme ces claires idées ne la touchent ni ne la modifient point, il est aisé qu'elle les néglige, pour s'apliquer à ce qui la touche vivement; & qu'ainsi les idées sensibles fassent disparoître les idées intelligibles. V.

Si l'on doutoit de cecy, il n'y a personne qui ne soit en état d'en faire, par jour, plusieurs funestes experiences; & qui ne puisse s'apercevoir que quelque bien intentionné qu'il soit de prier, & de méditer dans un parfait recueillemēt, les misteres & les verités de la Religion; il ne faut que quelque excez de froid ou de chaud, que quelque situation incommode, que quelque bruit extraordinaire, que la vûë de quelque nouvel objet, pour lui faire perdre de vûë le mistere, la verité & Dieu même.

VI.

De là il est aisé de juger quelles

PAR RAPORT AU CORPS. 55
dispositions & quelle situation l'on
doit rechercher, lors qu'on veut
tout de bon s'apliquer à la priere &
à la meditation des choses éternelles ; & si l'on doit s'atendre d'y
réussir lors qu'on est actuellement
remué par quelque passion, agité
de quelque inquietude, troublé
de quelque soin, plein d'idées sensibles puisées dans le commerce
du monde. Ces idées sont autant
de voleurs qui nous dérobent nôtre atention ; & il se peut dire que
c'est faire de la maison d'oraison
une caverne de larrons, que de
laisser trop remplir son esprit de
ces idées.

3. part.
sec. 2.

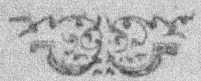

CHAPITRE V.

Que les impressions que l'esprit reçoit par le corps, corrompent le cœur.

I.

LA corruption du cœur consiste à estimer & aimer ce qui n'est ni aimable ni estimable pour lui-même : elle consiste à regarder & à rechercher comme de vrais biens les objets de ses passions. Mais de quelle maniere les impressions sensibles nous portent-elles à l'un & à l'autre ? c'est en seduisant nôtre cœur, & surprenant son jugement par le plaisir qu'elles lui presentent : de sorte que le plaisir que Dieu, pour une bonne fin, a ataché à l'usage des choses sensibles, nous devient, par nôtre faute, un sujet de seduction ; nous fait juger que ces choses sont des biens réels, & qu'on peut les aimer; & par là corrompent nôtre cœur.

3.part. sec. 2.

II.

C'est une notion commune, qu'il faut aimer le bien ; c'en est encore une qui n'est pas moins reçuë, que le plaisir est le caractere du bien : & sur ces deux notions voicy de quelle maniere le cœur, ou l'esprit seduit par le cœur, raisonne.

1. Le plaisir est le caractere incontestable du bien : or le plaisir accompagne l'usage des choses sensibles; ces choses donc & leur usage sont de vrais biens.

2. Il faut aimer, ou du moins on peut legitimement aimer le vrai bien.

Or on vient de prouver que les choses sensibles sont de vrais biens.

Il faut donc, ou du moins on

C v

peut légitimement aimer les choses sensibles.

III.

Voicy encore un autre sophisme, par lequel le cœur toûjours gagné par le plaisir, se seduit lui-même.

On peut aimer la cause du plaisir: l'inclination invincible qu'on a pour le bonheur n'authorise pas simplement cet amour; elle le rend même indispensable, puisque le plaisir rend en partie heureux.

Or les objets sensibles sont les causes des p'aisirs que l'on goute dans leur usage.

On peut donc legitimement aimer les objets sensibles.

IV.

C'est ainsi que raisonnent du-moins tous ceux qui attribuent aux objets les qualités que l'on apelle sensibles; & qui donnent aux causes secondes une activité & une efficace qui n'apartiennent qu'au Createur; & ce sont ces erreurs qui conduisent impercetiblement un esprit à regarder comme ses vrais biens, les corps au dessus desquels il est, par sa nature, si fort élevé : les corps, dis-je, qui loin de pouvoir agir sur lui & y causer du plaisir, ou de la douleur, ne peuvent même agir comme causes veritables, les uns sur les autres.

V.

Ce sont ces erreurs qui conduisent à l'idolatrie des corps, & qui portent à rendre aux plus basses des creatures, un culte d'amour & d'estime qui n'est dû qu'à Dieu.

VI.

Ce sont ces erreurs qui font preferer les choses corporelles aux spirituelles, les temporelles aux éternelles : car comme les choses corporelles & temporelles paroissent agir sur nous, & nous causer actuellement diverses sortes de plaisirs ; & que les choses spirituelles & éternelles ne nous en donnent point actuellement ; on prefere, sans heziter, la joüissance d'un bonheur actuel & present, quoique trez-mince & trez-petit; à l'esperance d'un bonheur infiniment plus solide : parce qu'il paroit éloigné, ou plutôt parce qu'il disparoit aux yeux de l'imagination, dans l'éloignement où elle le regarde.

VII.

Ce sont enfin ces erreurs, qui jointes aux plaisirs des sens, corrompent le cœur, & le conduisent par cent sophismes d'amour propre à autant de faux jugemens sur tous les objets créés ; & autant de fausses maximes toutes capables de nous cacher également & nos déréglemens & nos devoirs ; comme nous alons le voir dans le Chapitre suivant.

CHAPITRE VI.

Que c'est en substituant dans l'esprit les maximes de la chair & du sang aux veritès & aux regles immuables de l'ordre, que les impressions sensibles nous cachent nos déréglemens & nos devoirs.

I.

ON a déja fait voir que les impressions sensibles éclipsent naturellement, par la confusion & la fausseté qui les accompagne, les idées claires des veritès & des regles immuables de l'ordre. Et de là il est aisé d'entendre de quelle maniere elles peuvent nous cacher & nos déréglemens & nos devoirs. Car dés qu'on perd de vûë la regle; on ne sait plus quelles sont ses obligations: on les viole, & l'on tombe dans le déréglement, sans le sçavoir.

II.

Pour comprendre presentement que ce qui les rend particulierement capables de ce pernicieux effet, c'est qu'elles substituent les maximes de la chair & du sang aux regles immuables de l'ordre; il ne faut que rapeler ce qu'on vient de dire de la maniere dont elles corrompent le cœur: car puisque c'est en lui inspirant par leurs plaisirs trompeurs, l'estime & l'amour de choses qui ne sont ni estimables, ni aimables; je veux dire des choses fragiles & perissables; on voit, sans peine, combien cette estime & cet amour ménent droit à l'établissement de ces fausses maximes.

III.

Car de là naissent naturellement les fausses idées que l'on se forme des biens de ce monde; des honneurs, des richesses, de la volupté

du rang, de la qualité, de la naiſ- 3.*part.*
ſance, des dignitez, des charges, *ſect. 2.*
de l'independance, &c. Tout cela
portant avec ſoy ſon plaiſir actuel,
ne peut être regardé que comme
fort eſtimable par des cœurs qui
cherchent invinciblement le bonheur, & qui par l'ardeur de cette
inclination ne peuvent naturellement remettre à un autre tems à
être heureux, pendant qu'ils ſen-
tent qu'ils le peuvent être, en quelque façon, dés à preſent.

IV.

C'eſt donc par là que s'établiſ-
ſent imperceptiblement ces fauſſes
maximes de la cupidité ſi contraires aux veritès & aux régles immuables de l'ordre.

1. Qu'il faut entrer dans le monde avec beaucoup d'ambition.

2. Travailler inceſſamment à ſa
fortune, & la pouſſer auſſi loin
qu'on le peut.

3. Se faire la reputation d'habi-

le, de savant, de brave, de galand homme, &c.

4. Expofer, pour cela, sa santé aux plus grandes fatigues ; & sa vie aux plus évidens dangers.

5. Ne ceder à personne, quand il y va de l'honneur.

6. Ne souffrir nulle injure, sans la repousser par les voyes du faux honneur.

7. Se distinguer de toutes les manieres possibles : par la naissance, quand on ne le peut par les qualités personnelles ; par le luxe & les magnifiques équipages, quand on ne le peut par la naissance ; par de grands noms & de vains titres, lors qu'on ne le peut par des qualitez réelles ; par les artifices & la fourberie, lors qu'on ne le peut en alant droit.

V.

8. C'est encore par là que l'on décide hardiment que c'est être heureux que d'avoir de la santé, de la beauté, de grands biens, de

grosses Terres, des Charges hono- | 3.*part.*
rables, la faveur des Grands, l'e- | *sect.* 2.
stime & l'aprobation des hommes;
& qu'on regarde comme le dernier malheur de manquer de ces choses.

VI.

9. Par là l'on passe jusqu'à l'excés de soutenir que vivre dans la retraite, dans la solitude, dans l'obscurité, c'est vivre sans honneur.

10. Que l'humilité Chrétienne est une bassesse de cœur.

11. Que la frugalité est une vraye avarice.

12. Que l'atachement aux devoirs de la Religion est superstition.

13. Que l'éloignement des Charges & des Benefices est pusillanimité & foiblesse.

14. Que le refus d'un second Benefice, lors qu'on en a déja un, est petitesse d'esprit.

15. Que se faire une loy de la

3. part. residence, est scrupule.
sect. 2. Et cent autres pareilles maximes sur lesquelles roule le funeste commerce du monde.

VII.

Le moyen donc que les verités purement intelligibles, les regles immuables de l'ordre puissent tenir dans un esprit contre un si grand nombre de maximes qui leur sont directement opposées ? dans un esprit, dis-je, à qui le cœur, corrompu par le plaisir, fait cent illusions ? Il est vrai que les regles immuables de la verité éternelle se presentent à l'esprit avec grande clarté ; & que les fausses maximes de la cupidité sont étrangement envelopées de tenebres & de confusion : mais comme les regles de la verité ne sont point accompagnées de sentiment, & qu'on les connoit, sans les sentir ; & qu'au contraire les maximes de la cupidité sont envelopées de sentimens, & qu'on les sent, sans les connoître ; le sentiment modifiant l'esprit & l'apliquant beaucoup plus que les idées purement intelligibles ; l'esprit est naturellement porté à prendre le degré de son aplication pour celui de sa lumiere ; de sorte qu'il juge aisément que les idées sensibles des fausses maximes de la cupidité sont incomparablement plus lumineuses, que les verités intelligibles. Et ainsi la prétenduë lumiere de celles-là fait naturellement disparoître, à son égard, la pure lumiere de celles-cy.

3. part.
sect. 2.

VIII.

Il faut bien que ce soit par une semblable illusion qu'un homme d'esprit, d'ailleurs éclairé des vrayes lumieres de la Religion, entre plusieurs avis fort chrétiens qu'il donna, il y a quelque tems, à ses enfans en mourant, laissa échaper celui-cy : *Je ne vous estimerois, ni ne vous aimerois, mes fils, si je pouvois croire que vous ne*

3.part. *songeassiez point à vouloir aler aux*
Sec. 2. *plus grands honneurs de la guerre &*
de l'Eglise; ou à mourir en chemin....
Ne craignez point la peine: il faut
avoir de l'activité pour faire sa for-
tune. Que cela fait bien voir combien les fausses maximes de la cupidité tiennent au cœur : puis qu'elles s'y font sentir lors même que l'on se croit parfaitement converti. Le long séjour qu'elles y ont fait, les y a tellement naturalisées, qu'on les y porte souvent sans le savoir ; & qu'on les prend pour des regles de justice.

IX.

Par là donc il est visible que la cupidité établit de plus en plus son regne sur le fondement de ces fausses maximes : & qu'on ne reconnoit plus d'autre devoir, que celui de les suivre, ni d'autre déréglement que celui de s'en éloigner.

X.

Par là les verités éternelles & les

regles immuables de l'ordre ne font regardées que comme des ombres, des rêves & de purs phantômes.

XI.

Par là l'on se fait une justice de canoniser ses passions ; & une regularité de les suivre.

XII.

Et par là enfin l'on en vient jusqu'à ne pouvoir croire qu'il y ait aucun dérangement ni aucune corruption dans la nature de l'homme : parce qu'on ne peut se persuader qu'il y ait du desordre à recevoir les impressions des corps, ni à suivre le penchant qu'elles donnent à les aimer, à s'y atacher & à en jouir. Qu'on est peu disposé, lors qu'on en est là, à souhaiter un Liberateur & un Mediateur, & à soupirer aprez sa délivrance ! Et peut-on, aprez cela, ne pas voir combien nous sont funestes les impressions sensibles par la substitution qu'elles font, dans nôtre esprit, des maximes de la cupidité aux regles de la justice?

Chapitre VII.

Conclusion de cette Section.

I.

Suivant les reflexions contenuës dans cette Section, si l'on demande ce que c'est que le cœur de l'homme, on peut répondre juste, en disant que ce n'est pas simplement le rendez-vous de tous les mouvemens qui se passent dans le corps humain; mais aussi le centre de tous ceux qui se passent dans l'univers. Qu'on en recule les limites tant que l'on voudra; de ses extrémitez les plus éloignées partent des rayons qui aboutissent au cœur, & qui servent à lui transmettre les mêmes ébranlemens dont ils sont agitez. Que dis-je, les mêmes ? de beaucoup plus vifs & plus violens.

II.

Il en est de ces mouvemens à peu prez comme de ceux de l'orgue. Un homme tranquillement assis sur une chaise, remuë légérement du bout du doigt une des touches d'un clavier : & ce foible mouvement, transmis à l'instant jusqu'à un tuyau fort éloigné, y excite un son capable de faire retentir tout le vaisseau d'une grande Eglise. Il est trop aisé d'en faire l'aplication à ce qui se passe dans le cœur, en conséquence des mouvemens des corps de l'univers les plus reculez.

III.

Il est donc vrai que le cœur humain est comme le blanc où vise, & où donne, sans le savoir, tout ce qui se meut dans la nature. Il a raport à tout, & tout a raport à lui. Quelle situation pour un cœur si sensible ! comment parer ces coups ? comment s'en mettre à couvert ?

IV.

Le premier pas pour cela, est de savoir du moins d'où ils viennent: car rien n'est plus déplorable que de se sentir à tous momens remué & blessé, sans savoir par qui ; & s'il n'est pas absolument possible de connoître la premiere cause & la premiere source de ces coups; on doit du moins s'assurer que c'est par nôtre corps qu'ils passent, & qu'ils sont transmis jusques à l'esprit: car avec cette découverte il est aisé de se garantir de plusieurs de ces coups. Il ne faut, pour cela, que rompre les avenuës, couper les chemins de communication, veiller sur ses sens, fermer leurs portes autant qu'on le peut ; n'y laisser passer rien de suspect ; & enfin, suivant les ordres de JESUS-CHRIST, s'aracher même les yeux, & se couper les pieds & les mains, plûtôt que de permettre qu'ils

trans-

transmettent au cœur rien qui le *3.part.* puisse blesser. *sect. 3.*

V.

Il paroît de là que rien n'est plus sage, ni plus proportionné à nos besoins, que la Morale de JESUS-CHRIST : & que quoiqu'il n'ait pas prétendu nous enseigner la Physique, il a neanmoins desiré qu'on s'étudiât selon le Physique ; & qu'on aprit à connoître les relations qu'a nôtre cœur avec les dispositions du corps, les impressions qui lui reviennent des divers ébranlemens de ce corps; & quels sont les organes qui lui transmettent les plus funestes blessures. Et comme la diversité de nos humeurs, de nos gouts, de nos jugemens, de nos inclinations & de nos passions dépend extrémement de la diversité des dispositions de nôtre corps; on ne doit pas douter que ce ne soit suivre les intentions de JESUS-CHRIST, que d'étudier ces dispositions, & ce qui est capable de les produire, ou de les changer, soit l'air, les alimens, les varietés du tems, des saisons, &c. C'est ce que l'on va examiner dans la Section suivante.

SECTION III.

Des causes des impressions que le cœur reçoit par le corps, & des illusions qui naissent de l'ignorance de ces causes.

Les causes de ces impressions sont ou prochaines, ou éloignées.

Les prochaines sont celles qui se trouvent dans le corps humain : & elles se reduisent 1. à la constitution des fibres du cerveau & des autres organes. 2. à la nature des esprits & du sang. 3. au temperament. 4. à l'imagination.

Les éloignées sont celles qui se trouvent hors du corps humain ; sçavoir, 1. la temperature de l'air du climat que l'on habite. 2. les divers changemens de tems & des saisons, dans un même climat. 3. la nature des alimens dont on se nourit. 4. le genre de vie que l'on méne. 5. les airs & les manieres, les discours & la conduite de ceux avec qui l'on vit. 6. les choses inanimées.

CHAPITRE I.

Des causes prochaines.
Idée generale de ces causes.

I.

LEs impressions du cœur étant atachées par les loix de la nature aux impressions du cerveau: il est visible que celles-là dépendent de toutes les causes qui forment celles-cy. Or ces causes se reduisent presque toutes à l'activité des esprits & à la consistence des fibres des organes: car les impressions du cerveau sont plus ou moins fortes, à proportion de la force des esprits & de la consistence de ses fibres.

II.

J'ay déja dit que par le terme *d'esprits*, je n'entends qu'une vapeur formée, dans le cerveau, des plus subtiles parties du sang. Or il est visible que le plus ou le moins de force de cette vapeur dépend 1. de l'abondance ou de la disette de ces petits corps : 2. de leur grosseur, ou de leur petitesse : 3. de leur agitation ou de leur lenteur ; & que toutes ces differences dépendent à leur tour de la nature du sang : je veux dire de sa subtilité, ou de sa grossiereté ; du plus ou du moins de solidité de ses parties ; de leur plus ou moins d'agitation. III.

Pour la consistence ou la resistence du cerveau, elle dépend de son humidité, ou de sa secheresse ; de la délicatesse, ou de la grossiereté de ses fibres, de leur facilité ou difficulté de se plier.

IV.

Les impressions du cerveau dépendent encore beaucoup de la force du mouvement qui s'excite dans les organes des sens exterieurs, car ce mouvement est transf-

porté dans le cerveau. Or il est vi- 3.*part.*
sible que le plus ou le moins de cet- *sect.* 3.
te force dépend en partie de la violence dont les corps de dehors ébranlent ces organes; & en partie aussi de la constitution de leurs fibres, de leur fermeté, ou de leur délicatesse, qui les rend plus, ou moins capables de resister.

V.

Mais pour se former une juste idée de ces causes, il faut bien remarquer qu'elles ne sont pas toûjours les mêmes pendant toute la vie : elles varient beaucoup suivant les divers âges. Les esprits sont d'ordinaire beaucoup plus subtils, plus abondans, plus solides, plus agités dans la jeunesse, que dans un âge plus avancé : parce que le sang des jeunes gens est plus pur, plus agité, composé de parties plus solides & plus propres à se rarefier. Les fibres du cerveau & des autres organes sont molles, délicates & faciles à se plier, dans les enfans:

elles se séchent, s'affermissent & s'endurcissent avec l'âge. Mais dans la vieillesse elles deviennent si dures, qu'elles en sont inflexibles.

VI.

Pour le *temperament*, comme je n'entends, par ce terme, que l'assemblage, ou les divers assortimens de ces causes les unes avec les autres; je veux dire de la constitution des fibres, du sang, des humeurs, & des esprits; je n'en feray point d'explication particuliere: étant facile de s'imaginer ces divers assortimens.

VII.

J'en dis, à peu prez de même de *l'imagination*: car comme elle ne consiste, de la part du corps, que dans les dispositions qu'a le cerveau à former les traces des objets sensibles; & que ces dispositions ne roulent que sur l'activité des esprits & la constitution de ses fibres; il est aisé, aprez ce que l'on

a dit de l'une & de l'autre, de se fi- 3*part.*
gurer ce que c'est que l'imagina- *sect.* 3.
tion, & de quelle varieté, ou de
quels effets elle est susceptible.
VIII.
C'est donc de ces diverses causes
que dépendent les diverses impressions du cœur ; de sorte qu'on peut
assurer qu'il est plus ou moins agité, à proportion que le cerveau est
plus ou moins ébranlé par ces causes ; & que la plûpart de ses dispositions, je dis même de celles qu'on
croit les meilleures, ne dépendent
que de celles de la machine ; quelque illusion qu'on se fasse sur cela.

CHAPITRE II.

Des illusions qui naissent de l'ignorance de ces causes ; & 1º. de la nature des esprits & du sang ; de la constitution des fibres & du temperament.

IL est incroyable en combien d'illusions on tombe, faute de connoître & d'étudier ces causes, & leurs effets.

I.

Vous vous croyez parfaitement gueri de vos passions : vous estes surpris de vous voir presentement si tranquile sur le chapitre de vos ennemis : vous leur pardonnez, dites-vous, de bon cœur : ils vous donnent plus de pitié

PAR RAPORT AU CORPS. 83
que de colere : vous vous croyez 3 *part.*
absolument mort à ces ataches *sect.*3.
délicates sur lesquelles vous vous
estes senti si vif ; & vous ne doutez
point que vôtre cœur ne soit tout
changé. Mais qu'en tout cela l'illusion est à craindre ! Ouvrez les
yeux, & prenez garde si la cause
de ce changement apparent n'est
point l'abbatement de vôtre corps
causé par une longue ou violente
maladie ; si ce n'est point sa langueur qui fait celle de vos passions,
comme c'estoit sa vigueur qui faisoit leur vivacité. Ces passions
sont un feu auquel il faut necessairement de l'aliment ; & vôtre corps
n'en fournit plus. Atendez sa convalescence & son parfait rétablissement ; & puis vous verrez si ces
passions, que vous croyez éteintes,
ne se ralumeront pas ; si vôtre embonpoint ne leur rendra pas toute
leur force, & s'il fera seur à vos ennemis de paroître alors devant
vous.

II.

Que cela seul fait bien voir combien sont douteuses ces conversions qui ne paroissent qu'aux aproches de la mort ! Que la plupart des marques de moderation & de tranquilité, de douceur & de pieté qu'un homme passionné & dergélé donne à l'extremité d'une maladie, sont équivoques & sujettes à illusion ! qu'elles sont suspectes de ne relever que de la machine ! & qu'il y a d'indiscretion à canoniser les gens sur de pareils signes, comme font tous les jours tant de Confesseurs & de Predicateurs ? N'est-ce pas visiblement tendre des pieges funestes à ceux qui marchent dans la voye large ? n'est-ce pas leur donner une fausse confiance que, malgré leurs déréglemens ils n'auront pas une mort moins sainte, que celle de tant de libertins qu'on leur canonise sous ces trompeuses aparences : & que peuvent-ils moins conclure en leur faveur, de ces éloges si outrés qu'on leur donne à la face des Autels? *3. part. sect. 3.*

III.

Mais on pousse encore cette illusion plus loin. On ne juge presque de la bonne ou mauvaise mort des gens, que par les dehors & les derniers mouvemens des parties du visage. Si un homme meurt sans convulsions, sans agitation, sans grimaces, & le visage serein, & que pardessus cela il ait repété quelques paroles de piété qu'on lui suggeroit ; ou répondu par des *oüi*, ou des *non* conformément à ce qu'on lui insinuoit ; on se récrie : ah ! la belle fin ; & l'on assure qu'il est mort comme un Saint, eût-il vécu en demon. Au contraire, si un homme est mort dans les convulsions, & dans l'agitation d'un mal violent, qui lui faisant faire des grimaces, lui ôtoit l'usage de la parole, ou lui troubloit assez la tête, pour lui faire répondre des *oüi*, ou il auroit falu des *non* : ou des *non* pour des *oüi* : eût-il vécu dans une parfaite régularité, son salut devient douteux pour mille gens. C'est ainsi que les yeux & les oreilles décident du sort des ames.

Puisqu'on en veut juger, que ne se sert-on de sa foy, & de sa raison? par l'une, on sçauroit que les dispositions essentielles sur lesquelles une ame sera jugée par le Souverain Juge, n'ont rien de sensible; & par l'autre on remarqueroit que ces mouvemens & ces alterations du visage n'étant point volontaires; & n'étant d'ordinaire qu'une suite necessaire des impressions de la maladie dont on meurt; on ne peut en tirer nulle consequence un peu seure pour les dispositions du cœur; & de là l'on verroit clairement qu'il peut fort naturellement arriver qu'un juste meure dans les convulsions & les grimaces; pendant qu'un scelerat meurt avec toute la tranquilité de corps & toute la se-

renité de visage que l'on peut sou- *3. parti.*
haiter. Pour ce qui regarde ces *oüi sect. 3.*
& ces *non* à tems ou à contre-tems,
& ces réponses forcées que l'on ex-
torque, en quelque façon, des malades; il est aisé, pour peu qu'on
connoisse la machine, de s'apercevoir qu'il se peut fort bien faire
qu'elle seule y ait part.

IV.

Chaque âge de la vie a les passions qui lui sont propres; & comme l'on passe d'un âge à un autre
d'une maniere imperceptible, on
passe aussi d'une passiō à une autre,
sans presque s'en apercevoir. Vous
vous flatez de n'être plus si vive, ni
si emportée que vous étiez autrefois. Vous vous en savez autant de
gré, que si vous aviez remporté de
signalées victoires : vous concluez
même delà, que vous n'êtes pas loin
du Royaume de Dieu ; & vous ne
voyez pas que quelques années
plus que vous n'aviez, & quelque
degrez de moins dans la chaleur de

vôtre sang & dans le mouvement des esprits, font tout le merite de vos victoires; & qu'aprez tout, vous n'êtes devenuë moins vive & moins emportée, qu'en devenant timide, chagrine, ombrageuse, avare & défiante.

V.

Mais quant à une passion qui s'en va, on n'en substitueroit pas une autre qui ne vaut gueres mieux; on ne devroit pas, pour cela, se faire toûjours un merite de l'afranchissement de cette passion : puis qu'il se peut fort bien faire qu'il ne soit qu'un effet du changement du temperament ; & que le cœur n'y ait pas eu plus de part, qu'à la chute des cheveux.

VI.

Ce qui fait le plus d'illusion, sur cela, c'est qu'on s'imagine que les mêmes objets doivent, en tout tems, exciter les mêmes passions. Mais on se trompe : les passions sont atachées aux mouvemens des esprits & des fibres du cerveau, & se diversifient suivant la diversité de ces mouvemens. Les mêmes objets ne doivent donc pas exciter en tout tems les mêmes passions, s'il peut ariver qu'ils ne fassent pas, en tout tems, les mêmes impressions dans le cerveau : or cela arive tres-ordinairement. Les impressions du cerveau dépendent de l'action des esprits & de la constitution de ses fibres, & de celle des autres organes des sens ; & tout cela change tous les jours imperceptiblement. Le mouvement des esprits s'affoiblit, les fibres se dessèchent, s'affermissent & s'endurcissent. Les fibres du cerveau ne peuvent donc pas, en tout tems, recevoir les mêmes impressions des mêmes objets ; & par consequent ces objets ne doivent pas produire en tout tems les mêmes passions.

3. part. sec. 3.

VII.

Ne vous remerciez donc point

3. part
sect. 3.

de n'être plus si sensible aux spectacles, aux concerts, aux odeurs & aux saveurs. Vous n'en êtes peut-être redevable qu'au changement de la constitution de vos organes. Les humeurs de vos yeux se sont desséchées : les membranes de vos oreilles & de vôtre nez se sont endurcies, ou peut-être relâchées : les fibres de vôtre langue se sont émoussées ; & par là ces organes ne recevant plus les mesmes ébranlemens des mesmes objets, ceux-cy ne vous excitent plus les mesmes sensations.   VIII.

Vous vous aplaudissez de n'avoir plus d'avidité pour les confitures & les sucreries : vous dites que vous n'aimez plus les douceurs ; & vous croyez avoir parfaitement vaincu la friandise. Ne vous y fiez pas trop : il se peut faire que vous aimiez autant que jamais les douceurs & les friandises ; & que si vous n'aimez plus tant les confitures & les sucreries ; ce ne soit que parce que, suivant le changement de la constitution de vos organes, elles ne vous donnent plus les sentimens de douceur & d'agrément qu'elles vous donnoient autrefois.

IX.

Ne vous faites point d'honneur de vôtre clemence en telle rencontre : quelques degrés d'agitation dans vôtre sang plus que vous n'en aviez alors, vous auroient jetté dans les derniers emportemens : mais en l'état que vous estiés, il auroit falu, pour se venger, se donner des mouvemens qui eussent alteré l'économie de vôtre temperament, & troublé ce repos si doux dont vous jouissez ; & ainsi c'est le refroidissement de vôtre sang & l'amour du repos qui font le merite de vôtre clemence : c'est la paresse qui a triomphé de la vengeance ; & dans l'indulgence que vous avez eu pour vôtre ennemi, vous l'avez moins épargné, que vous ne vous estes ménagé.

X.

A conter sur ce pié-là, que de gens ne pardonnent à leurs ennemis, que parce qu'ils n'ont pas la force de se venger; & que les reconciliations qu'on atend à faire dans la langueur d'une maladie, ou au lit de la mort, me paroissent peu seures!

XI.

Ainsi l'on fait souvent à la vertu des gens beaucoup plus d'honneur qu'elle ne mérite : elle n'usurpe que trop ce qui n'est dû qu'au temperament; & ses conquestes seroient bien reserrées, si elle n'en avoit que de legitimes

XII.

Rien n'est si ordinaire que de se croire plus vertueux que les autres: parce qu'on se sent moins sensible & moins touché de quelques objets. Illusion grossiére qui ne vient que de ce qu'on s'imagine faussement que les mesmes objets doi-

vent produire les mesmes senti- 3. *part.*
mens & les mesmes passions dans *sect.* 3.
tous les hommes. Il seroit aisé de
revenir de ce préjugé, & de se
guerir de cette illusion, si l'on vouloit prendre garde que les sentimens & les passions suivent, comme nous l'avons dit, les ébranlemens du cerveau, & que ces ébranlemens suivent la constitution des
organes. Car comme cette constitution, en differens hommes, est
d'une telle varieté, qu'on ne peut
s'assurer qu'il y en ait seulement
deux en qui elle soit semblable;
on ne peut aussi répondre qu'il y
ait deux hommes en qui les mesmes
objets excitent les mesmes sentimens & les mesmes passions.

XIII.

Ne vous en faites donc pas acroire si vous n'avez pas pour certains
objets les mesmes emportemens
que vous remarquez dans les autres. Un peu plus de consistence
dans les fibres de vos organes, fait

peut-être toute vôtre vertu, & la différence de vôtre mérite.

XIV.

Flatez-vous aussi peu de la tréve que vous donnent vos vices ! & ne vous imaginez pas que ce soit un effet de vôtre travail. Vous n'en estes peut-être redevable qu'à l'éloignement du Soleil. Quelques degrés de plus dans le mouvement des esprits, vous feroient bien sentir que vous n'estes pas affranchi de ces vices, & que (à quelque chose de prez) vos rechutes dans les maladies de l'ame, & dans celles du corps, dépendent des mêmes causes.

XV.

D'où vient que les blessures de l'ame sont, comme celles du corps, sujettes à se rouvrir & par des causes peu differentes ? C'est que les blessures de l'ame sont atachées aux playes & aux impressions du cerveau; & que quelque soin que l'on prenne de fermer ces playes;

elles courent autant de risque de se rouvrir, que toutes celles des autres parties du corps; parce que si elles sont moins exposées à l'action des corps de dehors: elles sont en recompense dans un sujet beaucoup plus tendre & plus delicat.

XVI.

Ne vous imaginez donc pas, pour vous estre éloigné quelque tems des objets de vos passions, estre gueri de celles-cy, ni dispensé de fuir la presence de ces objets. Ils ont fait, dans vôtre cerveau, des playes dont la cicatrice est aisée à rouvrir. L'éloignement n'a servi qu'à rendre moins batus les chemins qui y conduisent. La moindre presence de l'objet est capable de leur rendre leur premier aplanissement, & de faciliter l'irruption de ces esprits dans ces playes.

XVII.

Que cela fait bien voir combien

c'est se méconter, aprez avoir quitté le monde, pour se garantir des impressions des objets flateurs, que d'y retourner indiscretement, & se familiariser avec eux, sous prétexte de ce qu'on se trouve moins sensible à leur souvenir, aprez quelques années de solitude!

XVIII.

Que c'est encore se tromper, que de prétendre rompre ses ataches criminelles, en ne rompant pas absolument avec les objets. Quelque leger que soit le commerce qu'on entretient avec eux; il suffit pour empêcher que les playes qu'ils ont faites dans le cerveau, ne se referment. Vous ne joüez, dites-vous, qu'un petit jeu, vous ne voyez ces personnes que rarement. Je le veux: mais enfin vous les voyez, & vous joüez: c'est assez pour tenir du moins entre-ouvertes vos anciennes playes; & tant que cela sera ainsi, il ne faut qu'une subite

émotion

émotion & irruption d'esprits, pour les rouvrir & rendre le mal beaucoup plus grand ; & alors on peut dire, suivant la parole du Sauveur, que le dernier état de cette ame devient pire que le premier.

XIX.

Ce qu'on apelle bonne, ou mauvaise humeur, force ou foiblesse d'esprit, ne dépend souvent que de la bonne ou mauvaise constitution de la machine ; & ce qu'on nomme bizarerie ou égalité d'esprit, ne vient gueres que de la varieté ou de l'uniformité des dispositions du temperament.

XX.

Il n'est pas surprenant que l'on trouve doux ou chaud en un tems, ce que l'on a trouvé amer & froid dans un autre. Mais il est bien étrange qu'on desaprouve aujourd'huy ce que l'on aprouvoit hier. On ne doit presque pas chercher d'autre cause de cette double inégalité, que l'alternative de nos dispositions mécaniques. Les gouts du cœur changent, à peu prez, comme ceux de la bouche, & par des causes toutes semblables.

XXI.

Qui ne devient sage & regulier qu'à l'âge de soixante ans, court grand risque, quelques dehors qu'il garde, de n'estre de ses jours ni sage ni regulier. Qui que vous soyez, ne vous flatez pas, à cet âge, d'avoir dompté vos passions. Ce n'est pas vous qui les quittez : ce sont elles qui vous abandonnent faute d'aliment pour entretenir leur feu. Toute vôtre regularité a bien l'air de n'estre qu'une pure impuissance d'estre déréglé.

XXII.

Qu'une conversion coûte peu quand on en est là ! ou plûtôt qu'il est aisé de se donner, en cet état, un air de conversion & de piété. On se fait à peu de frais une vertu de ce qui est pure necessité. On méprise le monde, parce qu'on s'en voit

négligé : on le fuit, parce qu'il *3 part.*
nous fuit. On lie commerce avec *ch. 3.*
les gens de bien, parce qu'on ne
peut plus en avoir d'autre. Si à cela
on peut joindre quelque usage des
Sacremens, & quelque assistance
aux Offices de l'Eglise, le cœur
fût-il toûjours le même ; c'en est
assez pour passer, dans l'esprit de
bien des gens, pour un prodige de
conversion & de piété.

XXIII.

Que tout cela doit rendre suspectes les conversions tardives ! & qu'il arrive souvent qu'on se croit converti par vertu & par grace, pendant que le changement des dispositions du temperament fait tout le merite de cette pretenduë conversion.

XXIV.

Je ne pretens pas par là qu'on ne doive plus à cet âge songer à se convertir. Il vaut mieux tard que jamais. Une conversion n'est nullement tardive quand elle est sincere

E ij

100 Du COEUR HUMAIN.

3.part. & fervente. Les ouvriers qui ne
sect.3. travaillerent qu'à la derniere heure du jour à la vigne du pere de famille, n'eurent pas une moindre paye, que ceux qui étoient venus dés la premiere heure. Je pretends donc seulement qu'on doit alors étudier plus que jamais les dispositions de son cœur, & les demêler d'avec celles de la machine ; de peur de tomber dans l'illusion de prendre les unes pour les autres, & de regarder comme une conversion réelle un phantôme de conversion.

XXV.

Bien plus : quoiqu'une conversion qui n'est que l'effet naturel du changement de temperament, ne merite nullement le nom de conversion, & ne puisse rendre une ame agreable à Dieu : il est neanmoins à propos de profiter de ce changement pour arriver à une vraye conversion : car comme ce changement émousse la vivacité des sens & affoiblit les passions; on se trouve moins indisposé à écouter la parole de la verité & à pratiquer la vertu. Cette verité trouvant le cœur moins défendu, a plus de facilité d'y penetrer; & en un mot, la grace a moins d'obstacles à surmonter dans cet esprit & dans ce cœur.

CHAPITRE III.

Où l'on continue à traiter des illusions qui naissent de l'ignorance de ces causes.

I.

L'Instabilité qui est le caractere du cœur humain, est bien plus sensible dans les jeunes gens, que dans les personnes avancées en âge. La délicatesse des organes beaucoup plus grande en ceux-là, qu'en ceux-cy, les rend bien plus susceptibles des moindres impressions des corps de dehors.

II.

Et ainsi ne demandez pas d'où vient que d'ordinaire il paroît plus de sagesse & d'égalité dans la vieillesse, que dans la jeunesse ? c'est que la vieillesse est moins agitée : c'est souvent qu'il y a moins d'ardeur dans son sang, & de mouvement dans ses esprits. Donnez-moy un jeune homme flegmatique & de temperament froid ; & je vous le feray voir, à l'âge de vingt ans, aussi sage & aussi moderé, que les Catons à soixante ans.

III.

Ne vous flatez donc pas, jeune homme, de vôtre sagesse & de vôtre moderation : vôtre vertu n'y a peut-être pas plus de part, qu'à l'insensibilité de vos ongles & de vos cheveux.

IV.

Flatez-vous aussi peu, vieillards,

de vôtre tranquilité & de vôtre indifference pour la plûpart des objets qui remuent le plus vivement
la jeunesse. Vous n'en estes peut-
être redevables qu'à l'endurcissement de vos organes, à la lenteur
du mouvement de vôtre sang, & à
la disette des esprits. Cette lenteur
& cette disette vous font honneur d'une vertu que vous n'avez
pas.

V.

Mais quoiqu'on ne doive pas se
faire un merite de ces dispositions;
on doit neanmoins en profiter:
puisqu'elles sont les plus favorables pour se porter à Dieu, &
pour entrer dans les voyes de la
pieté.

VI.

Il est vrai cependant que cet avantage de la vieillesse au dessus de la
jeunesse se trouve souvent extrémement balancé par un trez-grand
defaut. L'endurcissement des organes des vieillards rendât leurs fibres

presque inflexibles, les traces du cerveau, qui consistent dans le pli de ces fibres, en deviennent presque immuables; & rendent ainsi presque incorrigibles les sentimens, les passions & les préjugés avec lesquels elles sont liées par une longue habitude. Defaut qui ne se trouve pas dans les jeunes gens, à cause de la flexibilité des fibres de leur cerveau. Et ainsi il y a une espéce de compensation entre les avantages & les desavantages de ces deux âges.

VII.

L'immutabilité dont certaines gens se piquent dans leurs sentimens, n'est souvent qu'une pure impuissance d'en changer. L'endurcissement & la consistence des fibres de leur cerveau fait la consistence de leurs erreurs. C'est le sceau, dit agreablement un illustre Auteur, qui scelle leurs préjugés & toutes leurs fausses opinions,

& qui les met à couvert de la force de la raison.

VIII.

Ne demandez donc pas pourquoy il est beaucoup plus difficile de faire revenir les vieillards de leurs préjugés, que les jeunes gens. Ce n'est pas simplement que ce retour paroît plus honteux aux uns, qu'aux autres : (car il est vray que s'il est honteux de se rendre à la verité, il l'est bien moins de s'y rendre d'abord, qu'aprez luy avoir fait une longue resistance.) Mais c'est que pour revenir d'une erreur, il faut que les vieillards effacent des traces affermies par un usage inveteré, & en produisent de contraires: ce qui, comme l'on voit, demande beaucoup de violence, à cause de la resistance des fibres de leur cerveau : au lieu que celles des jeunes gens étant trez-pliables, il est aisé de leur donner un pli different de celui que le préjugé ou la prévention viennent de leur faire prendre.

IX.

On fait quelquefois un merite à certains vieillards d'avoir beaucoup de feu & de vif pour leur âge; au lieu qu'on devroit bien plûtôt les en plaindre. Leur vivacité n'est souvent que foiblesse ; & leur feu n'est qu'une vraye impuissance d'arêter le cours des esprits. J'aimerois autant feliciter un Cocher d'aler vîte, pendant qu'il est emporté, malgré lui, par des chevaux fougueux qui ont pris le mord aux dents.

X.

Il paroît sensiblement de là quel âge on doit choisir, je ne dis pas simplement pour aprendre les sciences aux hommes & former leur esprit & leur jugement; mais aussi pour jetter dans leur cœur des semences de pieté, les plier à la vertu & les assujettir aux devoirs de la Religion. Il y a long tems qu'un

Prophete nous a apris que nul âge n'y étoit plus propre que la jeunes- se : *Bonum est viro cùm portaverit jugum ab adolescentia sua.* Mais la raison ne nous l'enseigne pas moins clairement.

3. part. sect. 3.

XI.

Que nos jugemens sont peu désinteressés ! que le cœur a de pouvoir pour les corrompre, & que les dispositions du corps ont de part à cette corruption ! La plûpart des gens ne jugent des choses que suivant les dispositions de leur cœur. Tout le monde en convient : c'est ce qu'on entend par le *quisque judicat prout affectus est*. Mais je ne say si tout le monde en sait bien la raison. Elle est plus mécanique qu'on ne pense. Les plus grandes & les plus profondes traces de nôtre cerveau sont celles des idées qui nous sont plus familieres : parce que les esprits y passent plus souvent. Nos plus familieres idées, sont celles des objets pour qui nous avons plus d'inclination : or il arrive d'ordinaire qu'en examinant un sujet, sur tout s'il est nouveau ; les esprits trouvant plus de facilité à passer par ces grandes traces, qu'à en former de nouvelles, y entrent effectivement ; & retraçant ainsi nos plus familieres & plus aimables idées, nous portent, par leur mélange avec celles de l'objet de question, à ne juger de cet objet que suivant les dispositions de nôtre cœur.

XII.

Que la lumiere & la raison ont peu de part aux mouvemens de nôtre cœur, & que les dispositions de la machine en ont bien davantage! Vous ne doutez pas que ce ne soit par raison que vous avez tant d'inclination pour une certaine personne, & tant de dégout pour cette autre. Pure illusion. La raison n'y a peut-être nulle part. L'air & les manières de l'un, par leurs secretes alliances avec la disposition presente de vôtre corps, vous 3 part. pénétrent & vous charment; au sect. 3. lieu que les manieres de l'autre, par une disposition mécanique contraire à celle de vôtre corps, vous choquent, vous blessent, & vous dégoutent.

XIII.

Que de personnes faisant profession de pieté ne jugent s'ils sont bien ou mal avec Dieu, que par le plus, ou le moins de ferveur qu'ils sentent dans leurs exercices ! sans prendre garde que ce plus ou moins de ferveur ne vient d'ordinaire que de ces sentimens agreables ou desagreables qui naissent naturellement, mais secretement des dispositions de la machine.

XIV.

Qu'on se trompe souvent en prenant pour divers atraits surnaturels les divers gouts de devotion qui se trouvent en certaines ames ! La cause de cette diversité est souvent peu differente de celle de la diversité des appetits pour les alimens corporels. Celle-cy ne vient gueres que de la diversité des acides de l'estomach; & celle-là suit d'ordinaire la difference des esprits animaux & de leurs mouvemens.

XV.

Les austerités corporelles plaisent en un tems & déplaisent en un autre. Quelques degrés de plus ou de moins, dans la chaleur du sang, font cette difference.

XVI.

Ne vous fiez pas trop à cette ardeur passagere que vous sentez presentement pour tout ce qui regarde le service de Dieu; & qui vous fait embrasser avec tant de plaisir les travaux, les veilles, les jeûnes, les macerations corporelles. Le retour du Soleil renouvellant cette partie de terre que vous habitez, a renouvellé vôtre temperamen, donné une nouvelle vigueur à vôtre sang & à vos esprits; & la douceur que toute cette bonne disposition produit dans vôtre ame, en consequence des loix de son union avec le corps, vous fait prendre plaisir dans tous les exercices propres à vous rendre témoignage de cette nouvelle vigueur : & comme les travaux & les exercices penibles y sont plus propres que les autres ; les peines qui les acompagnent, & qui vous auroient rebuté en un autre tems, sont presentement vos délices. Mais attendez que le Soleil se soit éloigné, & que les gelées & les broüillards ayent pris sa place ; & puis vous jugerez si c'est par vertu & par amour pour la justice, ou plûtôt par disposition de temperament que vous estes si fervent & si zelé.

3.part. sect. 3.

XVII.

Ne vous faites point tant d'honneur de l'uniformité de vôtre conduite, ni de vôtre perseverance dans la profession que vous avez embrassé. Peut-être n'estes vous redevable de l'une & de l'autre qu'à la froideur de vôtre temperament, qui ne depend point de vous.

XVIII.

Ne contez pas même trop sur ces sentimens de devotion & d'amour pour Dieu, que vous éprouvez quelquefois. Un mouvement d'humeurs un peu plus regulier dans vôtre corps, peut seul produire ces effets; & voicy de quelle maniere cela se fait.

XIX.

Le plaisir étant l'appas, ou l'amorce du bien, il porte à l'amour de ce qui paroît le causer; & ainsi lorsque le plaisir est excité par un objet qui frape les sens au dehors, on se sent touché d'amour pour cet objet : mais lorsque le plaisir ne naît que de la bonne constitution du temperament, d'une reguliere circulation du sang, d'une plus grande pureté & subtilité de ce sang, d'abondance d'esprits convenables dans le cerveau : enfin de quelque changement, dans le corps, favorable à sa constitution, ou à celle de ses parties; (car l'Auteur de nôtre estre a ataché à tous ces divers changemens divers sentimens agreables) Alors ne voyant point au dehors d'objets à qui l'on puisse raporter ces plaisirs, s'il arrive qu'en ce moment on soit frapé de l'idée de Dieu, on se sent comme naturellement porté à l'aimer; & la disposition generale que l'on a, pour lors, à aimer, par le sentiment actuel de plaisir, est comme determinée par l'idée de Dieu. On se sent porté vers lui; on prend plaisir à s'en occuper; on tourne de ce côté-là tous ses mouvemens; & les exercices de pieté deviennent, en cet état, trez-agreables.

3. part.
sect. 5.

XX.

On peut voir de là combien les sentimens de devotion, & ceux même d'amour de Dieu, sont équiveques; combien souvent il arrive qu'on n'aime que soy & son plaisir, lors qu'on croit n'aimer que Dieu; & si ce n'est pas icy une des plus fecondes sources des illusions de l'amour propre. Je ne say si une partie de celles qu'on remarque dans le Quietisme n'en sont pas une suite; & si l'on ne pouroit pas expliquer, par là, ces mouvemens si surprenans de devotion qu'on remarque quelquefois non seulement en des personnes dereglées, mais même en des heretiques.

XXI.

D'où vient que cet homme à qui l'on a vû tant de passion pour les Langues, pour les Médailles, pour l'Histoire, a presentement tant d'indifference pour tout cela? c'est que l'éclat de grandeur & de rareté que son imagination y avoit ataché, & qui l'éblouïssoit, n'étoit soutenu que par la chaleur des esprits & du sang; & ainsi cette chaleur s'étant affoiblie avec l'âge; l'é-

clat s'est dissipé, & la passion s'est
éteinte.

XXII.

Bon Dieu! que toutes nos meilleures dispositions & nos vertus sont suspectes d'estre peu vertueuses! qu'elles ont bien l'air de dispositions purement naturelles! & que celles que l'on croit les plus solides & les plus affermies, ont peu de consistence, si une main également puissante & invisible ne les soutient incessamment!

XXIII.

Il faut pourtant remarquer (car je ne puis trop le redire) que quoiqu'on ne doive pas conter trop sur ces sentimens de devotion; il est à propos de se servir de ces favorables dispositions de temperament pour s'exciter à aimer Dieu : car quoique cet amour ne soit pas pur, & qu'il se trouve mêlé de beaucoup d'amour propre ; le cœur ne laisse pas de s'acoûtumer, par là, à se tourner & à se plier vers cet

116 Du cœur humain

3.part. sect.3. objet infini : & ce n'est pas peu de pouvoir faire prendre au cœur ce pli & cet heureux tour. Toutes les habitudes ne consistent qu'en quelque chose de semblable.

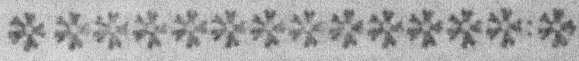

CHAPITRE IV.

Des illusions qui regardent l'imagination.

I.

L'Imagination est une des plus ordinaires causes des impressions que le cœur reçoit par le corps, & de ses illusions. Dans le commerce d'illusion qui est entre l'esprit, l'imagination & le cœur, l'esprit est souvent la dupe du cœur : mais il est encore plus ordinaire que le cœur soit la dupe de l'imagination. Comme cette faculté ne represente les choses que suivant les dispositions mécaniques du cerveau; & que ces difpofitions, *3.part.* en differens hommes, font aufli *fect.3.* differentes que les traits de leurs vifages ; il eft vifible non feulement que l'imagination de differens hommes doit reprefenter les objets diverfement ; mais même qu'on ne peut jamais s'affurer qu'aucune les reprefente naturellement. Tant il eft vrai (pour le dire en paffant) que ni l'imagination, ni les fens dont elle reçoit les impreffions, ne nous font point donnez pour connoître la verité des chofes. A combien donc d'illufions n'eft pas expofé un cœur qui juge & veut fe conduire fuivant les idées de l'imagination ?

II.

Une imagination tendre & délicate recevant des impreffions trez-profondes des moindres objets, en reçoit aufli des idées trez-grandes, trez-vives & trez-fenfibles : elle ne conçoit donc rien que d'outré, que d'exceffif, que de vif, que de pénétrant. Faut-il s'étonner si une telle imagination a tant de pouvoir pour corrompre le cœur, pour le seduire, pour le pencher vers les objets qu'elle lui represente comme aimables : ou le détourner de ceux dont elle lui fait de desagreables portraits ? Car (comme nous l'avons déja remarqué) c'est le plaisir sensible que l'on goute dans l'usage des corps, qui touche, qui charme, qui corrompt & entraine le cœur, en lui faisant croire que les corps sont son bien : car le plaisir est le caractere du bien. Faut-il, dis-je, s'étonner si elle fait faire à ce cœur tant de faux jugemens : puisque c'est le plus ou le moins de plaisir, le plus ou le moins d'agrément que nous trouvons dans un objet, qui détermine le jugement de nôtre amour. On ne s'avise presque point de resister à ce plaisir, ni de combattre ces preuves de fait de l'excellence des corps ; & ainsi le

cœur en devient esclave, en de- *3.part.*
venant la dupe de son imagina- *sect.3.*
tion.

III.

Et qu'on ne dise point que ce n'est pas le cœur qui juge, mais l'esprit. Cela est trez-vrai des jugemens qui se font sur des idées claires & distinctes : mais pour ceux qui se font sur des idées confuses & sensibles, telles que le sont celles que l'imagination fournit ; c'est toujours le cœur. Ou enfin, si l'on veut que ce soit l'esprit ; ce n'est presque jamais que suivant les inclinations & les sollicitations du cœur qu'il juge.

IV.

Et de là il est aisé de voir 1º. combien l'imagination est une faculté funeste pour le cœur.

2º. Combien il est dangereux d'avoir commerce avec des gens d'une imagination forte ou échaufée : car cette maladie est contagieuse, elle se prend par la conversation plus aisément que la fiévre.

30. Qu'un langage d'imagination, c'est-à-dire un langage qui n'est que la vive expression d'idées confuses, sensibles & outrées; une éloquence qui ne parle qu'à l'imagination, & qui ne tend qu'à exciter de semblables idées, est peu propre à gagner le cœur à Dieu, & à le tourner vers les choses spirituelles. La raison de cecy, est que cette éloquence ne presentant au cœur que des idées sensibles, vives & flateuses; elle ne peut naturellement le pencher ni le tourner que vers les objets de ces idées. Or ni Dieu, ni les choses spirituelles ne sont rien de sensible. Ce n'est pas que cette éloquence n'entreprenne assés souvent de parler de Dieu & des choses spirituelles; mais comme elle ne le fait que d'une maniere extrémement sensible & flateuse, & que par des images vives & agreables,

bles; quoiqu'elle paroisse porter à Dieu, elle n'y porte point veritablement. Il est vrai que ces idées vives & flateuses ébranlant fortement l'imagination, remuent agreablement le cœur, & lui donnent une espéce d'ardeur & d'amour : mais, si l'on y prend garde, il se trouvera que cette ardeur & cet amour ne se terminent qu'à soi-même : on s'aime soi-même comme agreablement remué : le cœur est tout occupé de son plaisir & de son charme ; & l'on prend cet amour de soi-même pour un vrai amour de Dieu dont le Predicateur parle, & dont l'idée voltigeant sur la surface de l'esprit de l'auditeur, donne lieu à cette illusion.

3.part. sect. 3.

V.

Une marque assez seure que cela se passe ainsi, c'est que l'ébranlement de l'imagination ne pouvant durer long-tems ; si-tôt qu'il vient à cesser ; les idées sensibles &

flateuses venant à se dissiper ; le mouvement du cœur cesse aussi, par la cessation de son plaisir ; & il se trouve aussi froid qu'auparavant pour ce Dieu qu'il croyoit aimer si tendrement.

VI.

C'est là (pour le dire en passant) la vraye cause pour laquelle on retire si peu de fruit de ces sermons où l'on a tant de soin de plaire à l'imagination, de l'ébranler & de l'échauffer. On n'éprouve que trop que quelque touché que l'on soit de cette fausse éloquence, dans le moment, cela ne va pas loin : l'oreille s'y trouve satisfaite par une juste mesure ; les passions flatées par des figures & des mouvemens agreables : l'imagination réjoüie par des expressions vives & sensibles : mais l'esprit y demeure vuide de verités solides & salutaires ; & le cœur sans mouvement pour les vrais biens.

VII.

Ce n'est pas que Dieu ne puisse joindre sa grace à cette éloquence; & qu'alors on ne puisse voir quelques veritables touches & quelques conversions : mais on peut s'assurer que les touches qui ne sont que l'effet naturel de ces discours, ne feront pas de durée; & par dessus cela, il est certain que c'est bien moins à ces discours si étudiés & si polis, si ornés & si propres à flater l'oreille & à échaufer l'imagination, qu'à des discours simples & naturels, & qui partent d'un cœur passionné pour la verité, que Dieu a accoûtumé de joindre sa grace.

VIII.

Combien de Livres mieux écrits suivant les regles de l'éloquence humaine, que ne l'est le petit Livre de l'Imitation de JESUS-CHRIST ? & cependant de combien ne l'emporte-t'il pas sur tous ces Livres, en fait d'onction, de touches & de conversions? Qu'on life dans le silence de son cabinet le petit Chapitre de la vanité des choses humaines, & du mépris qu'on en doit faire; & qu'on entende sur le même sujet un de ces Predicateurs à la mode, qui font aujourd'huy tant d'éclat à Paris; & puis que l'on juge du quel des deux on aura tiré plus de fruit.

IX.

On a beau dire qu'on peut faire un bon & un mauvais usage de l'imagination; & que les Predicateurs, par leur éloquence, en font un trez-bon usage : puis qu'ils ne l'agitent & ne l'ébranlent que pour porter à Dieu. L'experience devroit nous avoir désabusés de ces pretendus avantages. J'en apelle à l'évenement. Celuy-cy ne nous aprend que trop que les touches & les conversions qui ne sont que l'effet naturel de ces grands mouvemens d'imagination, ne font de nulle durée, & n'ont nulle confiftence.

3.*part.*
fect. 3.

X.

Ce qui fait le plus d'illufion en cecy, ce font les premiers effets de cette trompeufe éloquence. On remarque l'étonnement, & même le tranfport peints fur le vifage de prefque tous les auditeurs. Ils ne fortent de ces fermons qu'en frapant leurs poitrines. Demandez-leur en fortant ce qu'ils en penfent : ou leur tranfport ne leur permettra pas de vous répondre : ou s'il leur en laiffe la liberté, ce ne fera que pour vous dire que jamais homme n'a parlé de la forte, & qu'ils fe fentent enlevez plûtôt que touchez. Vous ne doutez donc point, non plus qu'eux, qu'ils ne foient parfaitement convertis. Mais atendez un peu : laiffez calmer leur imagination. C'eft une cloche qui a efté violemment ébranlée. Le tremouffement de fes parties doit durer

F üj

quelque tems aprez le coup ; & doit par ce contre-coup entretenir quelque agitation dans le cœur : mais à mesure que ce tremoussement s'affoiblira, vous verrez cette agitation du cœur s'affoiblir ; & cesser même absolument dés qu'il cessera.

XI.

Mais ce qu'il y a en cela de plaisant, & ce qui fait bien voir l'illusion de ces pretenduës touches, c'est que ces gens se trouvent persuadés, sans sçavoir ni de quoi, ni pourquoi. Ils ne pourront peut-être pas marquer une seule verité de tout ce qu'ils ont entendu, ni aleguer une seule preuve. Ce n'est que l'air, la maniere, le ton, l'accent, ou tout au plus qu'un arangement pompeux de paroles qui les a touchés. Ce n'est souvent qu'un batement de mains & de pieds. Et si on leur avoit prêché des erreurs de cet air touchant dont on leur a annoncé la verité,

peut-être en auroient-ils esté également frapés & persuadés.

XII.

Que c'est peu savoir ce qui doit faire la persuasion de l'esprit ! C'est par la force des raisons qu'il faut se laisser persuader : c'est à l'autorité de la foy qu'il faut se rendre ; & non pas à ces airs & à ces manieres sensibles. Et il est même d'autant plus dangereux d'y acoutumer l'esprit, & de l'y rendre trop délicat ; que cette disposition est une des plus fecondes sources d'illusions.

XIII.

Combien de gens se savent le meilleur gré du monde de se trouver si sensibles à ces Prédications ? Ils ne doutent point que ce ne soit un effet de la tendresse de leur cœur, & une marque qu'il est bien tourné pour Dieu. Ils s'en remercient, ils s'en aplaudissent : ils se rendent à ces Sermons avec plaisir, parce qu'on en prend toujours à être remué & agité; & ils se font même un honneur & un merite de leur assiduité à s'y trouver: quoique peut-être elle n'ait pour principe, ou que l'amour du plaisir, ou qu'une sotte vanité.

XIV.

Il est cependant certain qu'un des pernicieux effets de cette maniere de prêcher & de ne persuader qu'en remuant & échaufant l'imagination; est d'acoutumer l'esprit à ne se laisser plus persuader que par là, & de le rendre insensible & impenetrable aux plus grandes verités & aux plus fortes raisons, si elles ne sont assaisonnées de ces airs & de ces manieres sensibles & remuantes.

XV.

Quelque habile que soit un Prédicateur: quelque plein qu'il soit des grandes verités de la Religion & de leurs meilleures preuves; s'il ne remuë & n'échaufe l'imagination; il ne sera, pour ces esprits delicats, que le plus pauvre homme du monde; & au contraire, ne dît-il que les dernieres pauvretés, & que des erreurs, s'il les debite d'un air devot, s'il les accompagne de manieres agreables & polies, d'un air vif & vehement; s'il fait mettre en œuvre les figures & les expressions metaphoriques: c'est le plus habile, c'est le plus saint des Prédicateurs.

XVI.

N'est-ce pas encore sur ce pié-là qu'on juge communément des ouvrages d'esprit? Qu'un Auteur s'explique heureusement, vivement, fortement : c'est le premier homme du monde. Il a raison en tout, n'avançât-il que des paradoxes, & ne les soutînt-il qu'à force d'exclamations. Qu'un auteur au contraire débite les veritées les plus solides & les plus essentielles: qu'il en porte les preuves jusques à la démonstration :

s'il le fait d'une maniere simple & féche, fût-elle la plus claire & la plus nette : c'est un pitoyable Auteur indigne d'être lû.

XVII.

Rien peut-il mieux faire voir que ces esprits, dans les discours même de Religion, n'en veulent qu'à ces manieres flateuses, qu'à ces airs remuans & touchans, & nullement aux veritès que l'on annonce ; & que le fruit qu'ils y cherchent, & qu'ils en remportent, n'est nullement la conversion ni le changement de vie ; mais le seul plaisir d'être remués ? Et en effet, le souvenir de ce plaisir est presque l'unique qui en reste. On se souvient d'avoir esté agreablement remué dans un Sermon, ou par la lecture d'un Livre : mais on n'a pas la moindre idée des veritès qui y ont esté le plus solidement prouvées.

XVIII.

Il est donc visible qu'il n'y a gue-

res de sources d'illusions plus fé- 3.part.
condes, que l'imagination, & que sect. 3.
le trop grand usage que l'on en
fait dans les Sermons. Ce n'est pas
qu'un Predicateur puisse se dispenser de parler à l'imagination.
Du moment qu'un homme parle,
& qu'il se sert de signes sensibles;
quelque dessein qu'il ait de n'en
vouloir qu'à l'esprit, il faut necessairement que ses paroles passent par l'imagination. Mais il y
a bien de la difference entre parler à l'imagination, & la remuer,
l'agiter, l'échaufer. Le premier
est indispensable aux Predicateurs : mais il seroit à souhaiter
qu'ils se dispensassent toûjours du
second : car sans conter que, par
ces manieres, ils ne porteront jamais efficacement les ames à Dieu;
il est certain de plus, que ces impressions sensibles sont de grands
obstacles à l'intelligence des objets spirituels, de Dieu & des verités de la Religion.

F vj

132 Du COEUR HUMAIN
XIX.

3.part.
sect. 3.

a Dare
ont resi-
stat sen-
sibus, i-
nis & pla-
gis qui-
bus per
illos in
anima
vapula-
vit. Date
cui vi-
deat sine
ullâ ima-
ginatio-
ne visorū
carna-
liū. L. de
vera Re-
lig. cap.
34.
b Epist.
6.
c Nullā
cum istis
internis
umbris
copules
amicitiā
Ep. st. 7.
d Nullo
modo
resistitur
corporis
sensibus,
quæ no-
bis sa-
cratissi-
mâ ami-
citiâ in a-
ctis per-
cussos
justificis.

C'est dans cette vûë que Saint Augustin ne recommande rien plus instamment, que d'éviter ces impressions, & d'y resister même de toutes ses forces, lorsqu'elles se presentent. *Donnez-moy*, dit-il, *un esprit qui puisse resister aux sens de sa chair, & aux playes qu'il a reçuës dans son cerveau & dans son ame par leur entremise.* [a] *Donnez-moy un esprit qui puisse voir les choses sans se servir des images des objets sensibles.* Il dit que *les impressions de l'imagination sont de vrayes playes qui nous ont esté faites par les sens.* [b] Il traite ces playes *d'ombres infernales, avec lesquelles on ne doit avoir nul commerce.* [c] Il veut que l'exercice de resister à ses sens fasse une partie considerable de la discipline des Chrétiens ; [d] & il ajoûte que ce *n'est nullement leur resister, que de flater & d'entretenir les playes & les blessures que l'on a reçuës par leur canal.*

XX.

Que cela fait bien voir, pour le dire en passant, l'illusion de ceux qui croyent qu'on ne peut avancer dans les voyes de la pieté avec la lumiere de la foy, sans le secours des sens & des phantômes de l'imagination, & qui pretendent que ce ne soit que par les images sensibles qu'on puisse parvenir à la connoissance des choses intelligibles.

3 part. sect. 3.
plagis, vulneribusque blandimur. *Ep. 7.*
e *L'Auteur de l'Antiquietisme.*

XXI.

Que cela montre bien encore l'irregularité de la methode de ceux qui dans l'éducation & l'instruction des jeunes gens, leur font faire un perpetuel usage de leur imagination & de leur memoire, non seulement pour les Langues, mais aussi pour les Histoires, pour la Geographie, la Chronologie, &c.

On dit qu'*il ne faut presque les exercer que dans ce qui depend de la* memoire : parce qu'ils ont la memoire forte & le jugement foible.[a]

Mais c'est précisément tout le contraire : car comme les facultés se fortifient par l'exercice : puisque le jugement est foible dans les enfans, & que leur memoire est forte ; il faut exercer & cultiver le jugement, dont on a un besoin infini ; & laisser en repos la memoire, dont on a toûjours assez.

Mais, dit-on, *on aide le jugement par la memoire*[b]

Que c'est peu connoître le caractere de ces puissances ! Rien ne dissipe, ne confond & n'altere davantage le jugement, qu'une memoire trop instruite & trop chargée. Elle fait sans cesse diversion, & donne le change dans le tems qu'il faudroit suivre de plus prez son objet, pour en bien juger.

On reconnoît que *l'esprit des enfans est presque tout rempli de ténebres, & qu'il n'entrevoit que de petits rayons de lumiere.*[c]

3.part.
Sec. 3.

a Educ.
d'un
Prince,
page 35.

b L'âme
me.

c l'âme
m.e.

Que ne reconnoit-on donc aussi *3 part.* que ces tenebres ne viennent que *sect. 3.* des impressions des sens & de l'imagination, qui sont presque toutes tenebreuses & fausses ; & qu'ainsi rien n'est plus dangereux que de leur faire faire trop d'usage de la memoire & de l'imagination, qui ne s'exercent que sur des idées sensibles; & que rien au contraire n'est plus utile que de bannir celles-cy, pour ménager la vraye lumiere, & faire jour aux idées purement intelligibles.

XXII.

On dit qu'il y a plusieurs de nos misteres qui sont du ressort de l'imagination; & qu'ainsi l'on ne peut, en les prêchant, se dispenser de parler à cette faculté. J'en conviens : mais je say aussi que ce n'est qu'en passant qu'on lui doit parler de ces misteres. Ce ne doit estre que pour les transmettre jusqu'à l'intelligence. Et l'on devroit baucoup recommander aux fideles, lors qu'ils ont une fois reçû la creance de ces misteres sur la parole de Dieu, de s'acoutumer à ne les regarder plus que par la raison & l'esprit pur.

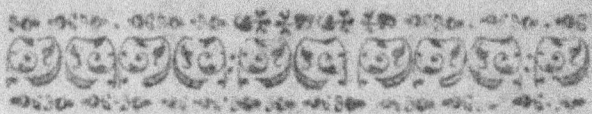

CHAPITRE V.

Où l'on continuë à faire voir les mauvais effets de l'imagination.

I.

Que cette mauvaise disposition de faire trop d'usage de son imagination, & de se rendre trop sensible aux airs & aux manieres touchantes de ceux qui nous parlent, ou avec qui nous conversons, nous expose à d'étranges & de frequentes maladies : C'est par là que nous prenons, comme machinalement, les travers d'esprit, & les déréglemens de cœur de ceux qui nous abordent. Mais cela nous arive sur tout, si ces personnes sont d'une imagination vive, forte & dominante : ou du moins si elles nous sont bien superieures par la naissance, ou par le rang : car on est dans le préjugé que celles-cy doivent estre le modele du bon gout ; & les autres ne laissent pas la liberté de douter si elles l'ont bon, par les manieres vives & fortes dont elles s'expliquent. Et ainsi c'est de ces deux espéces de personnes que l'on prend 1. les airs exterieurs & les modes, les manieres de marcher, de parler, de s'habiller, quelques ridicules qu'elles soient. 2. les tours d'esprit, ses erreurs, ses préjugés, ses travers. 3. les passions & les inclinations du cœur, ses penchans & ses gouts, ses déréglemens & ses vices.

II.

Demandez à ce jeune homme

3 part.
ſect. 3.

pourquoi dans la converſation il conteſte & incidente ſur tout : pourquoi il prend plaiſir à rompre en viſiére aux perſonnes qui ont la reputation d'eſtre les plus habiles : c'eſt qu'il a copié, ſans preſque s'en apercevoir, de mauvais modéles, à qui ces manieres ſont ordinaires.

III.

Vous eſtes en peine d'où vient que cet autre fait le faux brave & l'eſprit fort, lorſqu'on lui parle des veritéz les plus effrayantes de la Religion, & qu'il en parle d'une maniere ſi cavaliere, ou plûtôt ſi impie. C'eſt une maladie qu'il a gagnée à entendre Mr. N. traiter de ces matieres. Ce Mr. eſt un homme de naiſſance & d'autorité : il l'a pris pour ſon heros, & il en imite juſques aux defauts & aux vices.

IV.

Vous eſtes ſurpris que tant de Soldats qui ne s'intereſſent pas fort à la querelle de leur Souverain, & qui souvent même ne vont à l'Armée que malgré eux, agissent cependant dans l'occasion avec tant de vigueur. C'est que le bruit des tambours & des trompêtes, les clameurs mutuelles des combatans, l'ardeur & l'impetuosité de leurs compagnons : enfin tout cet air de fierté & d'intrépidité qu'ils remarquent dans leurs Chefs, remuë violemment leur imagination, &, par contre-coup, échaufe leur cœur, leur inspire les mêmes passions; & leur faisant prendre machinalement le même air de fierté & d'intrepidité, les fait aussi agir avec la même vigueur. C'est ainsi que les plus poltrons naturellement, deviennent en peu de tems vaillans par cet exercice; vaillans, dis-je, par foiblesse, & de cette vaillance machinale.

3.part. sect. 3.

V.

C'est sur la connoissance de ce

foible, qui se trouve toûjours plus ou moins dans tous les hommes, qu'autrefois les Armées, avant que de venir aux mains, s'y excitoient, en faisant retentir l'air de leurs clameurs.

VI.

Il y a des gens qui avec un tres-petit merite imposent tellement par un certain air d'élevation & de superiorité, qu'on ne peut se defendre ni de les estimer, ni même de les honorer. C'est ainsi que l'esprit & le cœur deviennent également les dupes des yeux & de l'imagination.

VII.

Il paroît de là que l'élevation est un signe fort équivoque de merite ; & quoiqu'elle assortisse parfaitement bien avec lui, elle n'en est pas toûjours accompagnée. C'est à d'autres marques qu'il faut le reconnoître pour en juger.

VIII.

Qu'il est aisé qu'un Prédicateur

qui a touché de penitence son au- 3.*part.*
ditoire, se flate vainement d'en *sect.*3.
estre touché lui-même ! Il en a
fait tous les frais & tout le personnage : il n'a touché les autres
qu'en paroissant touché : il a par-
dessus cela senti le contre-coup
de toutes les impressions qu'il a
faites dans le cœur de ses auditeurs. L'air contrit & penitent de
leur visage l'a prêché en même
tems qu'il les prêchoit. Mais aprez
tout, il se peut fort bien faire
qu'il ne soit point vraiment touché, & que son esprit soit la dupe
de son cœur, comme son cœur est
devenu le joüet de son imagination, & de celle de ses auditeurs.

IX.

Un des mauvais effets de ce trop
frequent usage des sens & de l'i-
magination, est de rendre extrêmement délicat pour les manieres:
mais trez-stupide & trez-émoussé
pour les differences des choses :

c'est de rendre incapable de demêler les veritės un peu envelopées ; incapable même de bien user de sa raison. Car ce qui flate les sens touchant & modifiant l'esprit, sa capacité qui est bornée, en est tellement partagée, qu'il ne lui en reste pas assez pour aprofondir une verité.

X.

Et qu'on ne dise point que l'esprit n'est pas toûjours occupé de ces sensations agreables. L'habitude qu'il a prise de ne s'apliquer aux objets qu'à proportion qu'ils le touchent agreablement, fait que lors même qu'il est affranchi de l'impression actuelle des objets sensibles, il ne peut s'apliquer aux veritės intelligibles : parce qu'elles sont destituées de ces impressions sensibles & touchantes qui sont toute l'amorce de son aplication.

XI.

Et par là s'établit de plus en plus

le commerce d'illusion qui est entre l'esprit, l'imagination & le cœur: car aprez que l'imagination a seduit & corrompu le cœur par ses images sensibles & flateuses; il rend à l'esprit cette seduction, faisant qu'il n'estime rien de grand, de solide, de relevé, ni de vray que ce qui est sensible & flateur. De sorte qu'au lieu de ne trouver rien de beau, s'il n'est vrai : on ne trouve rien de vrai, s'il n'est beau & agreable.

3. part.
sect. 3.

XII.

De là vient l'indolence de la plûpart des gens sur tout ce qu'on leur dit de la beatitude celeste. C'est ce qui fait qu'il en est si peu à qui l'on puisse persuader par raison, que les joyes de l'éternité seront infiniment plus charmantes que les plaisirs sensibles de cette vie, & qu'il faut un effort de toute leur foy, pour les mettre en état de le croire.

3. part.
sect. 3.

XIII.

De là vient leur indifference pour la justice, pour la verité, pour la sagesse. Quoi qu'on leur dise de la beauté de la premiere, de l'éclat de la seconde, & de l'étenduë de la troisiéme; on parle à des souches ou à des statuës : on court même risque de passer dans leur esprit pour un conteur de visions & de songes. Par la longue habitude qu'ils ont contractée de ne faire usage que de leur imagination, cette maniere de penser leur est devenuë si ordinaire & si naturelle, qu'ils ne peuvent plus, sans de trez-grands efforts, se tirer de là, ni donner la moindre atention aux idées purement intelligibles. Ils ne les aperçoivent que comme des éclairs, sans les pouvoir retenir ; & dans le moment qu'ils voudroient s'en saisir, ils se trouvent entrainés par les impressions de mille idées sensibles, qui parlent bien plus haut,

&

& avec plus d'autorité que les in- 3.*part.*
telligibles, qui se font regarder *sect.* 3.
comme bien plus réelles ; & en
comparaison desquelles les autres
ne paroissent que comme des idées
creuses & chimeriques.

XIV.

De là vient que les verités les
plus consolantes & les plus effrayantes de l'éternité, les touchent si peu : tout cela n'ayant
rien de sensible, disparoît à leurs
yeux, & est conté pour rien par
leur imagination.

XV.

De là vient enfin leur insensibilité sur tout ce que vous leur dites de la dignité & de l'excellence de l'homme, consideré par sa
plus noble partie ; de sa spiritualité, de son immortalité, de
sa destination à joüir de Dieu.
Vous pensez par là leur bien relever le courage, & leur inspirer
un extréme dégout de tous les
objets sensibles, & des fortunes

146 Du COEUR HUMAIN
perissables. Vous vous trompez. Ils vous abandonneront tous ces titres pour le plus petit plaisir, pour une satisfaction d'un moment. O sens, ô imagination, ô miserable corps, que vous nous estes funestes!

CHAPITRE VI.

Des causes éloignées des impressions du cœur, & de leurs mauvaises suites. Et I. De la temperature de l'air du climat que l'on habite.

I.

ON s'aperçoit assez que l'air du climat que l'on habite fait de grands changemens dans le corps, & a beaucoup de part à la bonne ou à la mauvaise santé : Mais on ne s'aperçoit pas si aisément des alterations qu'il cause dans le cœur, & de la force qu'il a pour varier nos mœurs. Rien cependant n'est plus sensible à ceux qui s'étudient un peu. *3. p. rt. sect. 3.*

II.

L'air entrant par la respiration dans le sang, comme on en convient aujourd'huy, & se mêlant entre ses parties ; il est visible que suivant ses diverses qualités : je veux dire son plus ou moins de grossiereté, ou de subtilité, son plus ou moins d'agitation, son plus ou moins de disposition à faire ressort & à se rarefier ; il doit causer de trez-grandes varietés dans la nature & le mouvement du sang, & de plus grandes encore dans la nature & le mouvement des esprits.

III.

Puis que les impressions du cœur dependent donc, comme nous

148 Du Cœur humain

3.part.
sect.3.

l'avons déja dit, de celles du cerveau ; & que celles-cy dependent de la nature & du mouvement du sang & des esprits : il est évident que les varietés de l'air en causant de si grandes dans la nature & le mouvement du sang & des esprits, elles en doivent causer de pareilles dans les impressions du cœur : je veux dire qu'elles doivent former dans ce cœur une fort grande diversité d'impressions.

IV.

On peut assurer, sans crainte de se tromper, que c'est là la principale cause de la diversité des mœurs des differentes Nations : c'est ce qui fait que les unes sont belliqueuses & les autres pacifiques ; les unes laborieuses, & les autres paresseuses ; les unes ingenieuses, & les autres stupides ; les unes studieuses, & les autres inapliquées. C'est ce qui fait même qu'entre les studieusés, les unes sont plus fixes, plus profondes, & plus atachées à un même sujet; pendant que les autres ne sont que superficielles & voltigeantes. C'est ce qui fait que les unes sont dociles, traitables, polies, & les autres feroces, grossieres & intraitables. C'est enfin ce qui fait communément que le penchant dominant dans les unes est l'ambition ; dans les autres la volupté des sens ; dans quelques autres l'avarice. Icy le vol, là la fourberie. Dans celles-là la bonne chere ; dans celles-cy la galanterie, &c.

V.

Mais qui peut estimer les desordres & les illusions qui naissent de la force de cette cause, & de l'ignorance où l'on est de ces impressions ? C'est là la plus ordinaire source de toutes les mauvaises coutumes: c'est ce qui remplit les esprits de préjugés, & qui fait regarder si favorablement les usages d'un païs, qu'on traite de ridicule tout ce qui s'en éloigne. C'est par là que les plus pernicieuses coutumes passent en loix ; & que ce que l'on tient pour juste dans une Nation, est estimé injuste dans une autre. De là vient enfin que ce qui decide de la regularité ou de l'irregularité des mœurs, n'est pas l'ordre immuable de la justice : mais l'ordre des climats, & leur distance de l'équateur.

VI.

Que de gens se font honneur de leur vivacité d'esprit & de leur penetration, comme de qualités qu'ils ont su se donner par leur travail & leur étude ; qui, cependant, n'en sont redevables qu'à quelques degrés de proximité ou d'éloignement du Soleil ?

VII.

Ne vous remerciez point de vôtre tranquillité & de vôtre

moderation, comme de vertus qui vous ayent beaucoup couté: peut-être que si vous en connoissiez bien la cause, vous ne vous en sauriez pas plus de gré, qu'aux orangers de Portugal de porter de meilleures oranges que les autres.

3. part. sect. 3.

VIII.

Enfin nos mœurs aussi-bien que nos vignes tiennent beaucoup de la nature du terroir où elles prennent racine.

CHAPITRE VII.

Des divers changemens du tems & des saisons dans un même climat.

I.

LEs divers changemens du tems & des saisons ne font pas moins d'impression dans le cœur humain, & n'entrent pas moins dans ses mœurs, que la temperature de l'air; & cela pour des raisons assez semblables, & que je ne repeterai point : parce que chacun peut sur cela se rendre savant par son experience.

II.

Ainsi l'on éprouve d'ordinaire qu'un tems chargé & pluvieux rend pesant, morne & chagrin : au lieu qu'un tems découvert & serein rend guai, vif & dispos. Que l'on rapelle & que l'on compâre les dispositions où l'on se trouve au printems & en hiver; & l'on sera surpris combien en ces deux saisons l'homme est different de lui-même.

III.

Il y en a qui reçoivent dans l'esprit & dans le cœur de trez-desagreables & de trez-vives impressions des vents, des neiges & des broüillards; & l'on peut dire que dans la plûpart des gens l'esprit a

ses vents, ses neiges & ses broüil- *3. part.*
lards, qui répondent à ceux du *sect. 3.*
dehors.

IV.

Rien ne prouve mieux les étroites relations qu'a notre petit monde avec ce qui se passe dans le grand : car il est peu d'esprits & peu de cœurs qui ne reçoivent les contre-coups de tout ce qui s'y passe de plus considerable. Et on les reçoit plus ou moins vivement, plus ou moins sensiblement, à proportion que la machine est plus ou moins robuste, plus ou moins delicate, plus ou moins bien montée.

V.

De là viennent non seulement les maladies du corps, mais aussi celles de l'esprit & du cœur. C'est souvent ce qui produit ces alterations subites, ces saillies d'humeur, ces mouvemens de passions ; ces dispositions pour la guerre, ou pour la paix, pour la concorde ou pour la discorde, pour le travail ou pour le divertissement.

VI.

Vous voulez connoître l'humeur d'un homme avant que de vous lier avec lui ? rien n'est mieux pensé : mais prenez garde à ne l'étudier pas superficiellement. Ne vous en tenez pas aux premieres montres. Cette humeur a diverses faces, comme les batimens : mais ces faces changent comme le tems, ce que ne font pas celles des batimens. Tel vous aura charmé dans un beau tems, qui vous fera desesperer, dés que le Coq aura tourné.

VII.

Les bizareries de l'humeur de l'esprit suivent naturellement les revolutions des humeurs du corps; & celles-cy ne sont que les écos des caprices du tems & des saisons. Il faut donc étudier l'homme dans tous les tems, si l'on veut s'assurer de son humeur.

VIII.

Que cela fait bien voir la temerité & le peu de sagesse de la plûpart des alliances de nos jours! Elles se contractent sur la premiere entre-vûë, & souvent même sans s'estre vûs. Quelle cruauté! de lier, pour toute la vie, par des liens sacrez, des humeurs peut-être aussi antipatiques que le feu & l'eau! Quelle sorte de bien peut-on atendre de pareilles societés! & faut-il s'étonner si elles ne se terminent le plus souvent qu'à de scandaleux divorces en cette vie, qui doivent estre suivis, dans l'éternité, d'une cruelle réunion dans les flammes devorantes!

IX.

Voulez-vous savoir pourquoy votre Raporteur vous a tantôt reçu d'une maniere si chagrine? c'est qu'il faisoit brouillard; & que celui-cy en causoit un chagrinant dans sa teste. Revenez dans un beau tems : vous le trouverez tout autre.

X.

Vous estes en peine d'où vient qu'aujourd'hui, pendant votre Sermon, votre Auditoire paroissoit, contre son ordinaire, si morne & si abbatu, si inquiet & si inapliqué : c'est que le tems étoit pluvieux & chargé : ou peut-être qu'il faisoit trop chaud.

XI.

Ce pauvre homme n'a été si injustement condamné, & n'a perdu la cause du monde la plus juste ; que parce que pendant que son Avocat la plaidoit, un froid violent ôtoit à ses Juges l'aplication necessaire : ou leur a fait negliger de demander des éclaircissemens d'où dependoit le juste jugement de cette cause. Deux ou trois degrés d'élevation dans le termometre lui auroient fait gagner son procez.

XII.

Qu'est-ce qui fait l'inconstance de l'homme ? quelle est la cause la plus ordinaire & la plus universelle de cette inégalité d'humeur, de cette instabilité d'esprit, de cette agitation de cœur, par laquelle, comme dit Job, il ne demeure jamais en même état? c'est le plus souvent l'inégalité du tems, des saisons, des alterations de l'air, laquelle en produisant une assez semblable dans son temperament, en excite une autre peu differente dans son cœur. Assurément si c'est estre fou, que de changer comme la Lune; il est plus de fous, qu'on ne pense.

XIII.

C'est de cette même source que viennent les infidelitez pour ses amis & pour Dieu même; le peu de resolution dans ses entreprises, le peu d'atachement à ses devoirs, le peu d'assiduité à ses emplois, le peu de fermeté dans son poste, le peu de residence dans son Benefice. Non ce n'est pas toujours par ambition, ni même par affaire qu'on le quitte. Quelque ébullition dans les humeurs du Pasteur causée par quelque alteration dans le tems, suffit pour l'enlever à son troupeau : mais une disposition oposée sufit aussi pour l'y ramener. Et tel s'enfuit à Paris pendant un rude hiver, qu'un printems ramenera avec les irondelles, & par une cause peu differente.

XIV.

Qu'on se fait d'illusions sur les objets, ou les causes de ses passions ! On veut perpetuellement raporter celles-cy à quelques objets sensibles ; & souvent elles n'ont point d'autres causes que les diverses dispositions de l'air que l'on respire. On se sent prevenu de joye ou de tristesse, à proportion que ces dispositions de l'air facilitent ou retardent la circulation du sang; de sorte que ceux qui ne font reflexion ni sur les difpofitions de l'air, ni fur leurs effets, se prennent d'ordinaire de leur joye & de leur triſteſſe aux premiers objets qui leur frapent les sens; & accufent ainſi de leur chagrin des fujets qui en ſont fort innocens; & en remercient d'autres d'une joye, à laquelle ils n'ont nullement contribué.

part.
ſect. 3.

XV.

Ainſi lors qu'un homme eſt ému de joye par quelqu'une de ces cauſes fourdes; tout lui rit, tout le divertit, tout lui plait : il se prend à tout de ſa joye : le plus defagreable concert le charme, le plus mauvais Predicateur lui paroit paſſable & l'édifie. Si au contraire il eſt fourdement frapé de chagrin, tout lui deplait, tout le defole : il se prend à tout de ſon chagrin : les plus habiles Orateurs n'ont rien que de plat. Il baillera

cent fois dans les festes les plus enjoüées.

XVI.

Qu'il seroit à propos, avant que de s'engager à traiter avec les gens, de pressentir ces dispositions ! mais il seroit encore bien mieux que chacun étudiât pour soy-même les causes insensibles de ces dispositions, quand ce ne seroit que pour éviter l'erreur de les atribuer à qui elles n'apartiennent pas.

XVII.

Ne vous fiez pas trop à ces sentimens de tendresse & d'ardeur pour Dieu : non plus qu'à ces resolutions que vous prenez sur l'execution de vos devoirs. Un demi tour de Coq peut faire, en un instant, geler tous ces fruits.

XVIII.

Tel plein d'un zele aparemment tout apostolique s'est embarqué pour les Indes par un vent favorable, qui dés que le vent a changé, auroit voulu eftre de retour : tant il eft vrai que nos vertus, non plus que nos vignes, ne font gueres moins les unes que les autres à la merci du caprice des vents & des faifons.

3. part. fect. 3.

XIX.

Il n'eft point neceffaire, pour expliquer tous ces effets, de recourir aux vertus occultes ni aux influences fecretes des aftres. Ce qui fe paffe auprez de nous & dans nôtre air groffier, eft plus que fuffifant. C'eft du moins ce qui nous touche & nous remuë immediatement : car je ne voudrois pas nier que les influences des aftres n'y euffent quelque part, & que par les épanchemens prefque continuels qu'ils font dans nôtre fphere, de la matiere qui leur eft propre (car c'eft là tout ce que j'entens par leurs influences) ils ne produififfent de grands changemens dans l'air que nous refpirons ; que ces changemens n'en produisissent de pareils dans nôtre corps, & que ceux-cy n'excitassent, par contre-coup, des alterations considerables dans nôtre cœur. Et comme tous ces changemens, de la part des astres, ne viennent que du mélange d'une matiere si deliée, qu'elle est imperceptible ; on a raison de traiter leur action d'influence secrête.

XX.

Mais par cette même raison, l'on voit bien (pour le dire en passant) la vanité de cette science qu'on apelle *Astrologie judiciaire*, & le peu de fondement qu'ont les faiseurs d'horoscope, de prétendre sur la seule inspection de la situation des Astres, prédire, je ne dis pas simplement les évenemens qui dépendent de nôtre liberté, mais même les divers changemens de tems : car pour le faire avec quelque justesse, il faudroit savoir non seu-

lement la nature de cette ma-　3.*part.*
tiere deliée propre à chaque As-　*sect.* 3.
tre, je veux dire, sa grosseur, sa
solidité, sa figure & son mouvement; il faudroit de plus connoître ces mêmes dispositions dans
la matiere qui compose la sphere
de la terre, & sur tout dans l'air
que nous respirons, afin de juger
avec quelque fondement, des divers effets qui pouroient naître
de leur mêlange. J'avouë qu'avec
cette double connoissance, on
pouroit assez vrai-semblablement
prédire en general les humeurs
dominantes des hommes, leurs
penchans pour la paix ou pour la
guerre, en un temps plûtôt qu'-
en un autre; les famines, les maladies, l'abondance ou la sterilité: mais avec tout cela on seroit
encore fort éloigné de prédire les
divers évenemens de la vie des
particuliers, leurs fortunes, leurs
decadences, leur genre de mort:
car tout cela ne dépendant pas

simplement de l'enchaînement des causes necessaires, mais particulieremeent de la liberté humaine à qui cet enchaînement n'impose nulle necessité ; on est toûjours maître de resister au penchant qu'il imprime, ou enfin, de le diversifier selon la diversité des conjonctures, en tant de manieres, que nul esprit créé ne peut naturellement prédire en particulier quel parti on prendra. Mais revenons aux éfets si réels & si sensibles que les changemens du temps & des saisons produisent dans nôtre cœur.

XXI.

Il ne faut, ny deviner, ny conjecturer ; il ne faut qu'un moment de reflexion, pour s'apercevoir que les diverses revolutions des saisons & des temps produisent d'ordinaire des revolutions toutes semblables de passions & de vices dans nôtre cœur. Ces passions & ces vices y servent,

ou plûtôt y dominent par quartier. *3. part.*
Ce cœur a ses passions de prin- *sect. 3.*
temps, ses vices d'été, ses passions d'automne, & ses vices
d'hiver.

XXII.

Il y a cependant des vices &
des passions plus propres à certains
âges de la vie, qu'à d'autres ; &
comme on peut tres-bien distinguer tout le cours de la vie de
l'homme en quatre saisons, & luy
donner son printems, son été,
son automne & son hiver : on peut
dire aussi que les vices propres au
printemps de la jeunesse, sont
tres-differens de ceux qui accompagnent la vieillesse, & que si
celle-cy se trouve affranchie de
ceux de la jeunesse, elle n'y a
d'ordinaire pas plus de part ny
plus de merite, qu'à n'avoir plus
de cheveux ny de dents ; & qu'-
ainsi souvent on se flate d'avoir
quité les vices, lors que ce sont
eux qui nous ont quité.

XXIII.

La jeuneſſe étant, comme l'a ſi agreablement dit un illuſtre Auteur, *une ivreſſe continuelle & la fievre de la raiſon*; on s'atendra, ſans doute, que la vieilleſſe en doit eſtre la ſanté & le bon ſens; mais on s'y trompe fort : & il n'arive que trop ſouvent que la vieilleſſe eſt un aſſoupiſſement continuel, & la letargie de la raiſon.

XXIV.

Nos paſſions, comme les eaux de la mer, & par des cauſes peu differentes, ont leurs tempêtes & leur calme: dans leur calme, on ſe croit incapable d'agitation; dans la tempête, on ne croit pas jamais voir le calme. Ce ſont extremitez à éviter : le juſte milieu eſt de ſe défier de la tempête dans le plus grand calme, & d'eſperer le calme dans la plus furieuſe tempête.

XXV.

Il eſt de la prudence pendant le

calme, de se précautionner con- 3.part.
tre la tempête, & de travailler sect. 3.
pendant la tempête à ramener le
calme. Il faut avoüer cependant
qu'à moins qu'une main invisible
& toute puissante ne s'en mêle,
les éforts que l'on fait pendant la
tempête sont tres-inutiles, & les
resolutions que l'on prend pendant le calme, sont fort suspectes d'illusion. Tel se croit alors
converti & tout changé dans le
cœur, qui ne l'est qu'en quelque
partie de son temperament, &
pour quelques jours. Les cicatrices des playes que ses passions lui
ont faites, sont encore dans son
cerveau & dans son cœur. Un autre vent viendra à s'élever, il cau-
sera une nouvelle ébulition dans
son sang, il ramenera dans le cerveau des esprits propres à r'ouvrir
ces cicatrices.

XXVI.

Enfin, qui que vous soyez, ne
vous flatez ni de la tranquilité de

168 DU COEUR HUMAIN

3.part. vôtre cœur, ni de la santé de vô-
sect.3. tre ame. Sans une grace singu-
liere elles ne sont pas moins à la
merci des saisons, que la santé
de vôtre corps ; & souvent telle
saison qui fait l'embonpoint de
celui-cy, jette le trouble dans vôtre cœur, par les passions qu'elle
y excite ; & donne, par leur entremise, la mort à vôtre ame.

XXVII.

Bon Dieu ! qu'est - ce que
l'homme ? permettez, Seigneur,
de vous le demander icy ? N'est-
ce pas le joüet des vents ? c'est
peu dire : Si l'on en croit un
Prophete, il est devenu lui-même tout semblable au vent, par
son agitation continuelle : *Homo
vanitati similis factus est.* C'est
encore trop peu, & cela ne remplit qu'une partie de l'idée de
l'homme : il faut, pour lui donner
sa perfection, ajoûter avec le
même Prophete, que l'homme a
l'agitation & l'instabilité de tous
les

PAR RAPORT AU CORPS. 169
les vents : *Universa vanitas om-* 3. part.
nis homo vivens. Ce qu'il est bon sect. 3.
de lui dire, non pas afin qu'il se
defespere : mais afin qu'il se connoisse tel qu'il est ; & qu'il cherche à s'apuyer sur quelque chose
de plus fixe & de plus ferme, que
ce qu'il trouve dans son cœur.

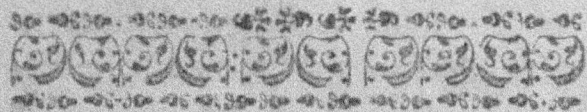

CHAPITRE VIII.

*De la nature des alimens dont
on use, & du genre de vie que
l'on méne.*

I.

UNe des causes qui change
autant les dispositions de
nôtre machine ; & qui, par contre-coup, produit d'aussi grands
changemens dans l'esprit, dans le
cœur & dans les mœurs, ce sont les
divers alimens dont on use. Il est

incroyable de combien de differens effets ils sont capables, suivant leurs diverses qualités; leur grossiereté, ou leur delicatesse; leur acidité, ou leur douceur; leur chaleur, ou leur froideur; leur excez, ou leur defaut. Pour en conjecturer quelque chose, il suffit de savoir que ces alimens se mêlent avec le sang, & deviennent ainsi la matiere dont se forment les esprits animaux, du mouvement desquels dependent la plûpart des impressions du cœur.

II.

Un homme qui a beaucoup jeûné se trouve abbatu, non seulement de corps, mais aussi d'esprit & de cœur. Son humeur en devient aigre, chagrine, inquiete, intraitable, facile à s'irriter. Un repas moderé lui rend sa belle humeur, son calme, sa serenité, sa facilité, sa douceur, sa politesse ordinaire.

III.

L'excez des alimens rend pesant, stupide, indolent, insensible. Leur grossiereté produit à peu prez les mêmes effets. Au lieu que les alimens delicats, legers, spiritueux, & en mediocre quantité, donnent du feu & de la vivacité d'esprit : mais aussi ils inclinent à la magnanimité, à l'ambition, à la volupté, à la liberalité.

IV.

Enfin la chaleur, ou la froideur des alimens produisent les mêmes dispositions dans le temperament; & par là, penchent le cœur ou aux grandes & difficiles entreprises, ou à l'oisiveté & à la paresse. Et tout cela se passe ainsi, à parler generalement : car à entrer dans le détail des particuliers, tout cela se trouve encore infiniment varié par la diversité des temperamens.

V.

Le vin, par exemple, qui réveille la plûpart des gens, & leur donne du feu & de la vivacité, en endort quelques-uns, & les abrutit. Il produit dans les uns la colere & les emportemens; dans les autres l'agrément & la complaisance, la douceur & la liberalité: on en voit même à qui il donne ce qu'on apelle devotion, & qui par sa vapeur s'atendrissent jusqu'aux larmes sur les sujets de pieté; & tout cela en consequence de la diversité des dispositions qu'il rencontre dans le cerveau : tant il est vrai que nos mœurs dependent beaucoup des dispositions de la machine.

VI.

Les unes & les autres reçoivent encore de grands changemens du genre de vie que l'on méne. Une vie dure & laborieuse affermissant les organes, met en état d'estre trez-peu blessé des mouvemens mediocres ; & par conſequent d'en eſtre trez-peu frapé dans l'eſprit & dans le cœur.

VII.

Au lieu qu'une vie molle, delicate & ſenſuelle rend, par une raiſon contraire, d'une ſenſibilité & d'une delicateſſe à eſtre extrémement bleſſé des plus petits mouvemens; &, par contre-coup, à en eſtre infiniment touché dans l'eſprit & dans le cœur. Et de là viennent encore les bonnes & les mauvaiſes humeurs, les impatiences, les chagrins, & les divers penchants au bien & au mal.

VIII.

Que de gens ſe font honneur de ſoûtenir guayement l'auſterité & les exercices de la penitence, qui ne ſont redevables de cette diſpoſition qu'à la dureté de l'éducation qu'ils ont euë, & qu'ils ont portée ſans merite!

IX.

Vous vous plaignez de vôtre extrême sensibilité dans les exercices de la penitence ; & vous continuez à vivre mollement & delicatement. Quelle illusion ! Il faut, par une vie plus dure endurcir peu à peu vos organes, si vous voulez vous mettre en état de soutenir ces exercices.

X.

Tel se croit le plus vaillant homme du monde, parce qu'il vient de faire une action vigoureuse, qui n'en est redevable qu'à un doigt de vin qu'il avoit pris auparavant. A jeun & de sang froid il n'auroit pas même osé se mettre en défense. La plus haute valeur & la plus basse poltronnerie ne different souvent que de quelques degrés d'agitation dans les esprits animaux.

XI.

Vous vous savez parfaitement bon gré d'avoir soufert tranquisement une injure; & dés là vous vous croyez d'une extrême moderation. Vôtre épuisement causé par le defaut d'alimens a fait, en cette rencontre, toute vôtre vertu : parce qu'il a fait vôtre indolence.

XII.

Vous eftes en peine d'où vient qu'un de vos amis vous a refufé, contre fon ordinaire, une affez petite grace : c'eft que vous l'avez pris à jeun, & dans un tems où fon cerveau manquoit d'efprits. Revenez aprez dîner : vous le trouverez tout autre : un nouveau retour d'efprits lui ramenera fa tendreffe, fa fenfibilité & fa profufion pour vous.

XIII.

Quel tems prend Herodiade pour demander à Herode la tefte de Jean-Batifte ? Si elle l'avoit pris à jeun, elle n'y auroit pas reuffi : c'eft au milieu d'un repas delicieux, lorfque les liqueurs

176 Du coeur humain

3. *part.* pleines d'esprits l'avoient rendu
sect. 3. plus guai, plus vif, plus complaisant. Quelques degrés de plus, ou de moins de chaleur dans le vin dont use un Souverain, font souvent l'établissement ou le renversement des plus grandes fortunes. Un vin de Bourgogne ou de Champagne en fait la différence. Et rien n'est plus rare que ce que l'on voit de nos jours en France: je veux dire, que ce flegme & ce sang froid toûjours égal, qui aprez, comme avant le repas, ne se sent determiné que par le merite connu, à faire les fortunes des uns ou des autres ; & à remplir les premieres Charges de dignes sujets.

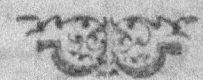

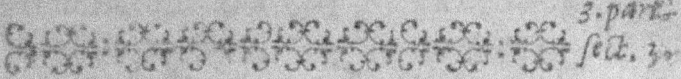

CHAPITRE IX.

Des airs & des manieres, des discours & de la conduite de ceux avec qui l'on converse.

I.

CE ne sont pas simplement les grands changemens dans nôtre machine, qui mettent tant de varieté dans nos mœurs : les plus petits y en produisent aussi-bien que les grands ; & l'on peut dire que tout ce qui vient à l'esprit par le corps, fait impression sur les mœurs. Les airs, les manieres, les discours, la conduite, les passions de ceux avec qui l'on converse, agissent sur le cœur en même temps que sur le corps, & donnent à ce cœur la plûpart de ses mouvemens.

II.

D'où viennent d'ordinaire nos inclinations & nos aversions, ou, si l'on veut, nos simpaties & nos antipaties ? Tout cela n'a guere sa source que dans l'exterieur & les dehors des hommes. Leurs airs, leurs manieres, leurs parures nous frapent les sens ; & suivant la nature du contre-coup qui s'en fait dans le cœur, on se sent ou du penchant, ou de l'éloignement pour les gens. Eh ! de quels préjugés, de quelles illusions, de quels desordres cela ne remplit-il pas ce cœur ? C'est de là que viennent les haines injustes, les attachemens criminels, les desirs déréglés, les plus brutales passions.

III.

Non, ce n'est presque jamais par les qualités de l'esprit & du cœur qu'on s'attache aux gens, ou qu'on s'en éloigne: on se sent pris ou éloigné avant que de les avoir connus. C'est la taille, c'est l'air, ce sont les manieres, c'est le tein, c'est la couleur des cheveux, c'est celle de l'habit, c'est la façon de cet habit, c'est une peruque, c'est un ajustement particulier qui sied ou qui ne sied pas ; non pas suivant le jugement de la raison, mais suivant l'impression des sens: car il est incroyable combien peu en cela la raison est consultée, & combien on s'en raporte aux sens.

3. part. sect. 3.

IV.

Qu'un homme soit proprement ou negligemment vêtu, il n'en est ny plus, ny moins honnête homme: Cependant ces minces differences le changent du blanc au noir dans l'esprit de la plûpart des gens, parce que leurs sens & leur imagination en sont diversement frapés.

V.

Qu'allant rendre visite à un homme de consideration, on le trouve les cheveux rasés, sans peruque, une grande barbe, on linge sale, & le reste des habits ausſi negligé ; & que l'on se sonde un peu, pour voir si l'on se sent pour luy en cet état, bien de l'estime, de l'inclination & du respect; ou plûtôt, si l'on ne se sent pas frapé de dispositions toutes differentes, de quelque merite que cet homme soit d'ailleurs.

VI.

Au contraire, qu'un homme soit manifiquement ou gravement vêtu, grand rabat, grande peruque, longue robe ; on ne peut se défendre, ni de luy rendre du respect, ni de luy donner de l'estime, quelque peu estimable qu'il soit en éfet. L'hermine, l'écarlate, le cordon bleu, la calote rouge abatent l'imagination, malgré qu'on en ait ; & par contre-coup, font plier non seulement le corps par des marques de respect, ce qui est dans l'ordre ; non seulement l'esprit, en inspirant de l'estime souvent pour ceux qui ne la me-

PAR RAPORT AU CORPS. 181

ritent point ; mais même le cœur par des bassesses, des flateries, d'aveugles loüanges. Qu'on s'examine, & l'on sentira vingt fois par jour l'impression de cette foiblesse.

3. part. sect. 3.

VII.

Nous y sommes sujets, non seulement à l'égard de diverses personnes, mais aussi à l'égard de la même. Un même homme vû le même jour, en habit de ceremonie & dans son negligé; ou bien avec des habits differemment assortis, nous paroît doux ou sévére, fier ou traitable, & nous inspire des sentimens & des devoirs tout differens ; plus ou moins d'estime, plus ou moins d'inclination : & ainsi l'on donne son estime aux ajustemens, au prix des étofes, & son inclination à la couleur des habits & des cheveux.

VIII.

Le comble de l'illusion, est que nous sommes les dupes de nous-

182 Du COEUR HUMAIN
mêmes à cet égard ; & il n'y a gueres de gens qui aprés avoir bien passé du tems à s'ajuster, ne s'estiment, ne s'aiment davantage, & ne se croyent plus hommes de consequence, que lors qu'ils sont dans leur negligé.

IX.

Il est étonnant à combien peu de frais un homme sans merite peut se donner du relief & de la consideration dans l'esprit du vulgaire. On en a vû d'un trez-mince merite, ne se faire regarder qu'avec crainte & respect, par l'air seul de gravité qu'ils affectoient. Un colet bien empesé & bien tiré, de larges manchettes, un chapeau bien dressé qui ne fait qu'effleurer le haut du front ; & enfin un ton de consequence dans la voix, les faisoit passer pour des oracles, & reverer comme des esprits du premier ordre.

X.

Quelque chose qu'un malha-

bile homme entreprenne de prou- 3.*part.* *sect.* 3.
ver ; s'il le fait d'un air d'autorité
& de suffisance, avec feu & facilité d'expression, ne dît-il que des impertinences, il a raison pour mille gens : on l'écoute avec admiration : ses moindres expressions font des demonstrations ; & l'on demeure convaincu de ce qu'il a voulu prouver ; sans s'en pouvoir alleguer d'autres raisons, que le ton & l'accent dont il a tiré ses consequences, & que la veneration qu'on se sent pour lui : tant il est vrai que l'esprit & le cœur sont souvent les dupes de l'imagination.

XI.

Cette foiblesse est encore bien plus ordinaire, lors qu'on a afaire aux personnes à qui la naissance ou la fortune, l'emploi ou le caractere, ou d'autres qualités exterieures donnent de l'autorité. On ne peut presque pas s'imaginer que ces personnes ayent jamais tort. Tout ce qu'elles difent font des oracles & des decifions fans apel. C'est un Docteur: c'est un illuftre Prélat: donc il a raifon: cette confequence que l'efprit tire imperceptiblement ne reçoit nul doute chez bien des gens. Ces Meſſieurs eux-mêmes en font les premiers perfuadés : ou du moins ils agiſſent comme s'ils l'étoient, par la connoiſſance qu'ils ont de ce foible prefque univerfellement répandu dans les efprits. Qu'il eſt doux , qu'il eſt commode de n'avoir à aleguer , pour toute bonne raifon de ce que l'on avance , qu'un cordon bleu , ou une croix fur la poitrine!

XII.

Il eſt étrange combien l'air de hauteur & de fufifance nous impofe. Quelques libertins infectés de cet air traiteront & parleront avec mépris des devoirs & des creances de la Religion : il n'en faut pas davantage pour corrom-

PAR RAPORT AU CORPS. 185
pre le cœur de la plûpart des jeu- 3.part.
nes gens qui les entendront. L'air sect.3.
seul dont ces libertins assisteront à
un Sermon, sera capable de gâter
de jeunes esprits qui font leurs
heros de ces Messieurs, & qui les
regardent comme le modele du
bon goût. Qui pouroit exprimer combien cet air de libertinage, sur tout lors qu'il se trouve
joint au rang & à la naissance,
fait de ravage dans une Cour,
dans une Ville, dans une Province ? Jamais maladies contagieuses n'eurent de plus promptes
ni de plus funestes suites.

XIII.

Les airs de modestie, de pieté
& de vertu font à peu prez des
effets tout contraires. Jettez les
yeux sur une assemblée de jeunes
solitaires que l'on éléve pour se
consacrer à Dieu. Cette salutaire
tristesse, cette douceur & cette
tranquilité, cette modestie & ce
recueillement qui paroissent sur

leur visage ; ce respect pour les sacrés misteres, ce silence religieux ; enfin tout cet air si mortifié & si penitent vous donne premierement une haute idée de cet état : Il vous remplit ensuite d'estime pour le bonheur qui y est ataché, & pour celui qui doit le suivre ; il vous inspire souvent un grand desir d'y participer, ou un vrai regret de ne le pouvoir faire: Enfin il vous oblige, comme naturellement, à prendre quelque chose non seulement de cet air de modestie & de mortification, mais aussi de la realité ; de sorte qu'on ne revient gueres de ces spectacles religieux, sans quelque touche dans le cœur, & sans quelque desir de conversion & de changement de vie. Je défie tous ceux qui ont esté à la Trape, & qui ont un peu observé l'air de ces solitaires, de me démentir sur cela. Tant il est vrai qu'on devient saint avec les saints, & méchant avec les méchans ; & que les seuls airs de la machine font d'étranges impressions sur nôtre cœur & dans nos mœurs.

XIV.

Il faut pourtant l'avoüer ; les airs de libertinage ont bien plus de pouvoir pour nous porter à l'impieté, que les airs de modestie & de mortification pour nous donner de la pieté. La raison de cette difference est, que les premiers trouvent dans nôtre cœur une cupidité qui favorise extrêmement leurs efforts & leur entrée, & avec laquelle ils entretiennent une continuelle intelligence : au lieu que les derniers ne trouvent que des obstacles à penetrer dans le cœur : parce qu'ils le trouvent presque toûjours défendu par les efforts de cette cupidité.

XV.

L'air pretieux & dedaigneux, l'air brillant & enjoüé n'ont pas moins de pouvoir sur bien des esprits. Un homme entesté de l'Histoire, parlant du choix des Sciences, vous dira de cet air precieux: Pitoyable galimatias que la Metaphysique! dés que j'en trouve un morceau dans quelque Livre, j'y passe comme sur la braise. Il n'en faut pas davantage pour faire impression sur des imaginations foibles, & pour leur donner le dernier dégout d'une Science, sans les principes de laquelle il est impossible de raisonner solidement, sur quelque sujet que ce soit; je dis même en fait d'Histoire.

XVI.

Un autre d'un air enjoüé & brillant vous ramenera les faits les plus éclatans de l'antiquité; & vous les depeindra avec autant de facilité & de vivacité, que s'ils se passoient sous vos yeux. Un de ses admirateurs se recriera: La belle chose que l'Histoire! Il n'en faut pas davantage pour engager mille jeunes gens à donner teste baissée dans cette étude où la memoire tient le haut bout, & la curiosité est si flatée : & à conter pour rien au prix d'elle, les Sciences de reflexion, qui seules peuvent servir à former le jugement & à donner de la justesse.

XVII.

Il seroit infini d'entrer dans le détail des effets de ce foible. C'est par là que les enfans prennent de si bonne heure les fausses maximes du monde. Un pere & une mere s'entretenant sans reflexion en presence de leur famille, parlent avec estime de ce qui ne merite que du mépris ; & avec mépris ou froideur de ce qu'on ne peut trop estimer ; relêvent extraordinairement les grandeurs humaines, les talens de l'esprit, les qualités du corps, l'habileté, la valeur, le savoir, &c. & ne marquent que de l'indifference pour la vertu, la justice, les biens de l'éternité. Il n'en faut pas davantage pour corrompre le cœur & le jugement de leurs enfans ; & pour leur donner une estime infinie d'objets qu'ils ne peuvent trop fuir pour estre hureux, & du dégout de ceux qu'ils ne peuvent trop rechercher. C'est par là que s'établissent imperceptiblement dans leur esprit les plus fausses & les plus mauvaises maximes ; & c'est sur celles-cy qu'ils forment leur goût, & qu'ils prennent leurs mesures sur le choix des conditions: choix d'où depend d'ordinaire tout leur bonheur, ou leur malheur.

XVIII.

Quel remede à de si grands maux ? Il n'en est point de plus souverain, que de suivre le conseil du Saint-Esprit : je veux dire, de juger juste des choses. *Justum judicium judicate*. De negliger les apparences, les airs & les manie-

res sensibles: d'aler jusqu'au fond 3.part.
des choses, jusqu'aux qualités per- sect.3.
sonnelles: & puis les comparant
avec l'ordre immuable de la justice, juger suivant le raport qu'elles ont avec cet ordre.

XIX.

Il faut, pour ainsi dire, demasquer tous les hommes: car effectivement il n'y a presque rien de
naturel dans leurs dehors. Tout y
est affeté; tout y est étudié; tout
y est deguisé; & ils laissent bien
moins paroître ce qu'ils sont, que
ce qu'ils veulent qu'on les croye.

XX.

Dépoüillez cet homme de ces
airs de grandeur sous lesquels vôtre imagination s'abat, & vôtre
cœur plie. Otez lui cette grande
robe rouge, cette hermine, sa calote & sa peruque même, s'il le
faut: & vous le verrez foible
comme le reste des hommes; &
peut-être l'esprit plus petit, le
cœur plus bas, plus mercenaire,

plus corrompu que le reste des hommes.

XXI.

Cependant quoique l'air & les manieres nous imposent étrangement, & nous fassent souvent illusion ; il seroit aisé, en les étudiant un peu, d'arriver par là à la connoissance de ce qu'il y a de plus caché dans le cœur de l'homme : ces airs & ces manieres sont d'ornaire les plus naturelles expressions des sentimens qu'un homme a de lui-même. L'air dont il marche, le ton & l'accent dont il parle marquent souvent assez juste le plus ou le moins d'estime qu'il a de lui-même, & le rang qu'il se donne par raport aux autres. [L'air de fierté & de brutalité, dit un excellent Auteur, est l'air d'un homme qui s'estime beaucoup, & qui neglige assez l'estime des autres : l'air modeste est l'air d'un homme qui s'estime peu, & qui estime assez les autres : l'air grave

grave est l'air d'un homme qui s'e- 3. part.
stime beaucoup, & qui desire fort sect. 3.
d'estre estimé ; & l'air simple celui
d'un homme qui ne s'ocupe gueres de soy ni des autres.] * Il faut
donc, pour connoître l'homme, *L'Au-
étudier ces airs : mais parce qu'il teur de
peut se contrefaire, & faire mon- la re-
tre de certains airs qui ne répon- cherche
dent pas à ses dispositions inte- de la
rieures, il faut les étudier plus verité.
d'un jour : on ne peut gueres manquer de conter sur les airs qui lui
sont les plus ordinaires : car il est
mal-aisé qu'un homme se puisse
contrefaire long-tems. Mais pour
conter juste ; il faut le surprendre
dans certains mouvemens qui lui
échapent comme malgré lui, lors
qu'il n'est pas en garde : on peut
s'assurer que ce sont là des traits
d'aprez nature.

XXII.

Il y a deux heures qu'un tel me
parle avec toute la tranquilité,
toute la politesse, toute la defe-

rence & toute la modestie possibles. J'en suis charmé, & tout prest à lui donner mon estime. Je viens par malheur à lui dire quelque chose de desagreable, ou à lui disputer le terrain sur un sujet où je crois avoir raison ; & je le vois tout d'un coup s'échaufer, & passer dans des airs de fierté, de hauteur & d'emportement : ce moment me le fait mieux connoître que les deux heures qui ont precedé. Le voilà, dis-je en moi-même, dans son état naturel : le premier étoit comedie ; je me retire, & remporte mon estime.

CHAPITRE X.

Continuation du même sujet. Que tous les hommes ont dans leurs corps des principes mécaniques de compassion & d'imitation, qui sont de grandes sources d'illusions & de dereglemens pour le cœur.

I.

Dans le dessein d'établir une société entre les hommes; rien n'a esté plus sage à Dieu, que de les lier d'abord par l'entremise des corps, & de faire que par leurs divers mouvemens ils se communicassent non seulement leurs airs & leurs manieres; mais aussi leurs pensées, leurs inclinations & leurs passions. Car, par là, ils sont comme necessités de partager mutuellement leurs divers interets, leurs biens & leurs maux.

II.

Et c'est ce que Dieu a merveilleusement executé, en mettant dans le corps humain, mais sur tout dans le cerveau, des principes mécaniques, je veux dire des dispositions & des ressorts qui les portent naturellement, & avant toute reflexion & tout raisonnement, à s'imiter & à se secourir mutuellement : en un mot, à l'imitation & à la compassion.

III.

Mais ce qui a esté si sagement institué pour une si excellente fin, nous est devenu, par le desordre du peché, une source feconde d'illusions & de déréglemens pour le cœur. Disons quelque chose des effets qui naissent du principe d'imitation, & puis nous traiterons de ceux qui viennent du principe de compassion.

§. I.
Des effets qui naissent des principes d'imitation.

I.
La moindre reflexion sufit pour s'apercevoir que c'est en consequence de ces principes que l'on prend, tous les jours, sans presque s'en apercevoir, les airs & les manieres de ceux avec qui l'on converse. Presque tout ce qu'on apelle politesse ou rudesse, manieres aisées ou gesnées, ne sont que des effets de ces principes ; & se gagnent, pour ainsi dire, mécaniquement.

I I.
C'est par là que se prennent, souvent malgré qu'on en ait, les accens des païs ; la bonne ou la mauvaise prononciation ; & c'est enfin ce qui fait cette grande

différence qui se trouve entre les hommes élevés à la Cour, dans la Ville, & dans les Provinces.

III.

Ce ne seroit pas un grand mal, si en consequence de ce principe on ne risquoit que de gagner de mauvais accens & de mauvais airs: mais cela va beaucoup plus loin. C'est par là que les maladies de l'esprit & du cœur deviennent aussi contagieuses que celles du corps, & qu'elles se communiquent & se prennent à peu prez de la même maniere. La fievre se gagne par la bouche, en respirant l'halene d'un fievreux; & les travers d'esprit, les extravagances & les passions se gagnent par les yeux & les oreilles, en voyant ou entendant des extravagans & des emportés.

IV.

Qu'on fasse reflexion sur ce que l'on ressent lors qu'on rencontre un homme passionné; & l'on vera qu'on se trouve non seulement agité dans le cœur des mêmes passions qui l'animent; mais même naturellement porté à prendre le même air sur le visage, la même situation, la même posture, & les mêmes mouvemens de tout le corps. Un homme effrayé & saisi de crainte répand l'épouvante & l'effroy dans le cœur de tous ceux qui l'abordent. Un homme enflammé de colere remuë & enflamme de sa seule contenance les humeurs les plus douces.

V.

C'est aparemment sur ce principe que JESUS-CHRIST a dit qu'il étoit impossible qu'il n'arivât des scandales : car comme les hommes sont d'ordinaire peu en garde contre la coruption, & peu apliquez à resister dans le mal aux principes mécaniques qu'ils ont pour l'imitation; il est comme necessaire qu'ils gagnent mécaniquement les maladies d'esprit, & les passions les uns des autres; passions, dis-je, qui font la grande source de tous les scandales.

VI.

On comprend encore par là quel malheur on s'atire, suivant la parole de JESUS-CHRIST, lors qu'on donne scandale par des actions déréglées, & même par des airs & des manieres trop libres. Cela est d'une consequence infinie; & l'on se charge, par là, du desordre & des pechez que commettent ceux qui se laissent aler à ces impressions.

VII.

J'ay ajoûté, *par des airs & des manieres trop libres.* Parce qu'il revient souvent plus de scandale de ceux-cy, que des actions les plus déréglées. Comme ces actions portent avec elles un caractere d'horreur; il est plus aisé de se garantir de leurs impressions; au lieu que par une raison contraire, étant moins en garde contre les airs & les manieres, on en prend plus aisément les impressions. Et de là on peut juger si dans ces saintes Communautés où l'on fait une particuliere profession de recueillement & de modestie; c'est une petite faute d'y prendre des airs de dissipation & d'immodestie. On peut dire que c'est là la source funeste de tout leur relâchement.

VIII.

Mais comme les enfans, les jeunes gens, & tous ceux dont le temperament est delicat, sont plus sujets à gagner les maladies du corps; ils sont aussi plus susceptibles des maladies de l'esprit & du cœur: parce que les fibres de leur cerveau étant plus delicates & plus flexibles, elles sont aussi plus susceptibles des impressions des objets sensibles ; & rendent par consequent plus disposé à imiter ceux avec qui l'on vit.

IX.

Que cela fait bien voir (pour le dire en passant) de quelle consequence il est, pour l'éducation des jeunes gens, de ne mettre auprez d'eux que des personnes, je ne dis pas simplement savantes & habiles : mais même polies, moderées, reglées, & d'un esprit droit. Quelques leçons de moderation, de politesse & de sagesse qu'un Gouverneur ou un Precepteur donne à son éleve ; elles profiteront peu, si lui-même n'est poli, sage & moderé. Un Precepteur donne tous les jours à son éleve deux sortes de leçons ; l'une par la voix & la parole, l'autre par sa conduite & ses manieres : or la leçon de l'action & de la conduite lui fait bien plus d'impression, que celle des paro-

les; & il trouve bien plus de fa- 3. part.
cilité à imiter ses airs, ses manie- sect. 3.
res & ses passions, qu'à faire ce
qu'il dit.

X.

On a vû des enfans d'une telle
facilité à contrefaire les airs & les
manieres des autres, que pour
n'avoir vû qu'une seule fois certaines gens un peu extraordinai-
res; ils les représentoient de la
maniere du monde la plus naturelle, la plus vive, & la plus res-
semblante. Que si cela arive ainsi
à l'égard des étrangers; quelles
impressions ne leur font pas les
domestiques; mais sur tout un
pere & une mere, qu'on les acoû-
tume à regarder comme les vrais
modeles de leur conduite? Et de
quelle consequence n'est-il pas,
pour ces enfans, que les peres &
meres se contiennent devant eux:
évitent toute passion : vivent dans
la retenuë & l'égalité d'esprit ?
Non, une mere, pour bien éle-

ver ses enfans, n'est pas obligée d'estre savante, mais elle doit estre sage & moderée; & par-dessus cela, il seroit à souhaiter qu'elle n'eût nul travers dans l'esprit: car si elle en a; c'est un miracle, si ses enfans n'en tiennent.

XI.

Ce principe d'imitation agit souvent en nous, sans que nous le sachions, & que nous nous en apercevions. On pouroit en produire mille exemples; en voicy un qui tiendra lieu de tous les autres. Un homme d'esprit & de vertu, de profession & de genie à estre fort éloigné de chanter des airs profanes, s'étant un jour trouvé dans un Coche d'eau, où l'on chanta plusieurs fois un air tout nouveau; quoi qu'il ne s'y fût nullement apliqué, & qu'il se fût même entretenu de choses bien differentes; cet air fit imperceptiblement tant d'impression sur son cerveau, qu'il ariva sur le soir, qu'étant tombé en foiblesse, parce qu'il avoit passé toute la journée sans manger ; à demi revenu de son éblouïssement, par les secours qu'on lui donna, il se mit à chanter cet air, qu'il n'avoit jamais entendu que ce jour-là ; & le chanta effectivement avec beaucoup de justesse, jusqu'à ce qu'il fut parfaitement revenu à lui-même. Les esprits animaux étant libres pendant ce moment d'eclipse de raison, suivoient naturellement l'impression & la determination de mouvement qu'ils avoient reçûës pendant qu'on chantoit cet air ; & cette impression les portoit mécaniquement à exciter dans les organes de sa voix le même mouvement qui avoit agité les organes de ceux qu'il avoit ouï chanter, & d'où dependoit l'execution de cet air.

3.part. sect.3.

XII.

Que si ce principe d'imitation

a tant de pouvoir sur nous, à nôtre insçu; que n'est-il pas capable de faire, pour peu qu'on s'aplique à le mettre en usage? C'est de là que viennent la plûpart de nos vices, de nos vertus, & de nos passions. On se sent naturellement porté à imiter & à copier : on seconde deliberément la disposition naturelle, & l'on prend ainsi les bonnes ou les mauvaises qualités de ceux avec qui l'on vit; & c'est ce qui fait dire à un Prophete, qu'on devient saint avec les saints, & impie avec les impies.

XIII.

On voit, de là, de quelle consequence il est de ne se lier & de ne s'associer qu'avec des personnes sages & reglées : ou du moins qui fassent profession de tendre à la perfection. C'est l'avantage des Communautez Ecclesiastiques & Religieuses : Mais parce que dans ces Communautez même tout le

monde n'est pas également par- *3.part.*
fait, ou ne tend pas également à *sect. 3.*
la perfection : l'on doit encore y
faire un triage, & ne se proposer
pour modéle que ceux qui se distinguent par leur sagesse & leur
vertu. Car enfin presque tout nôtre mal ne vient que de ce que
dans la necessité d'imiter & de
copier, on ne travaille qu'aprez
de mauvais originaux. C'est ainsi
que l'on fait de trez-méchantes
copies, & qu'on abuse d'un principe que Dieu ne nous a donné
que pour le bien & la perfection
des sociétés.

XIV.

Cet abus fait voir qu'un homme qui travaille à se perfection-
ner, doit se rendre tellement
maître de sa machine, qu'il soit
en état de resister au penchant
qu'elle a à l'imitation, lors qu'elle porte à copier de mauvais modéles ; & qu'il ne se serve de ce
penchant que lorsque la raison

ou la Religion le lui ordonnent, ou permettent. On le fait bien pour les mauvais accens & pour les mauvais airs ; pourquoi ne le feroit-on pas pour tout ce qui va à corompre le cœur, comme les émotions, les passions & les vices des hommes ?

§. II.
Des effets qui naissent du principe de compassion.

I.

DIfficilement se trouvera-t-il quelqu'un qui n'ait pas ressenti, plusieurs fois en la vie, les impressions & les effets de ce principe. Il n'est pas possible, à moins que de s'estre fait, par un long usage, une habitude de dureté & de cruauté, de voir fraper violemment un homme, ou lui faire quelque grande playe, sans en estre touché &

atendri. Il n'eſt pas même poſſi- 3.*part.*
ble de voir exprimer vivement *ſ. et. 3.*
quelque paſſion, ſans en recevoir l'impreſſion, ſans en reſſen-
tir le contre-coup, & ſans y
prendre quelque part : tout cela
plus ou moins ſuivant la diver-
ſité des diſpoſitions du cerveau
des ſpectateurs. Et voicy, à peu
prez de quelle maniere cela ſe fait.

A la vûë de la vive expreſſion
d'une paſſion il ſe forme dans
nôtre cerveau deux ſortes de
traces ou d'images : l'une de
l'objet de la paſſion ; & l'autre
des mouvemens qu'il excite dans
la perſonne qui eſt actuellement
paſſionnée. Ces traces ſont plus
ou moins profondes, à proportion que l'objet de la paſſion
nous intereſſe ; & que les mouvemens de la perſonne paſſionnée ſont plus vifs & plus violens.
L'impreſſion de ces traces, à
proportion de ſa violence, met
plus ou moins en mouvement les

esprits contenus dans le cerveau; & ce mouvement d'esprits, à proportion de sa force, excite 1. dans l'ame des sentimens conformes à l'objet de la passion; 2. dans le cœur des émotions plus ou moins sensibles, & une pente plus ou moins forte pour l'objet; 3. dans le corps des mouvemens plus ou moins grands par raport à cet objet. Et ainsi il se peut dire qu'en consequence des merveilleux raports que Dieu a mis entre nos corps, un homme passionné, ou qui exprime vivement une passion, l'imprime dans ses spectateurs aussi naturellement qu'un cachet s'imprime sur la cire; & que la corde d'un lut étant touchée n'ébranle pas plus necessairement la corde pareille d'un autre lut, parfaitement d'acord, dans une certaine distance; qu'un homme qui exprime vivement une passion, en excite une pareille dans ses spectateurs. C'est sur ce fonde- 3.*part* ment que roule l'art de persua- *sect*. 3. der; & c'est le premier sens dans lequel je prens le terme de compassion. Mais comme il se prend aussi, & même plus ordinairement, pour la part que l'on prend aux evenemens tragiques, & aux maux du prochain; voicy comme cela se passe.

II.

A la vûë d'une de ces scenes violentes, les esprits animaux se portent naturellement & violemment du cerveau dans les parties de notre corps, qui répondent à celles que nous voyons maltraiter dans un autre homme. Là ils excitent un frémissement, qui d'une part nous avertit de nous tenir sur nos gardes; & de l'autre, nous donne par contre-coup, un vif sentiment du mal de cet homme: or ce vif sentiment nous blessant, excite en notre cœur l'atendrissement & la compassion; & nous porte naturellement & sans reflexion, à soûlager ce miserable, par le même empressement naturel que nous avons à nous soulager nous-mêmes : parce qu'effectivement, en le soulageant, nous nous soulageons.

Que d'illusions la connoissance de ce seul principe est capable de dissiper !

III.

Qui le croiroit, que dans la pitié qu'on a des autres ; dans la sensibilité qu'on témoigne pour leurs maux ; on se regardât souvent beaucoup plus qu'eux, & qu'on fût plus sensible à son propre mal, qu'à celuy d'autruy ? Rien cependant n'est plus ordinaire ; & ce sentiment ne vient pas simplement, (comme un habil homme l'a crû) des reflexions que l'on fait, sur ce qu'on peut tomber dans les mêmes maux, ni du desir que l'on a de s'atirer les mêmes secours en de pareilles rencontres : ce n'eſt ni une habile prévoyance de l'avenir, ni un apareil qu'on ſe prépare par avance. Ce n'eſt pas même toûjours un mouvement de charité dans les plus juſtes : ce ſentiment prévient toute reflexion, toute prévoyance, tout deſir. Les reflexions de la charité & de la prudence peuvent venir enſuite, & faire un bon uſage d'une diſpoſition qu'elles trouvent déja dans le cœur; mais d'ordinaire elles n'ont eu nulle part à ſa naiſſance. Ce ſentiment vient de ce que l'on ſoufre actuellement quelque choſe d'aſſez ſemblable à ce qu'on voit ſouffrir aux autres; & de ce qu'on veut ſe ſoulager en les ſecourant.

3. part. sect. 3.

IV.

Que ce ſeul principe eſt propre à deciller les yeux! & que de gens pouroient, par là, ſe détromper de leur vertu pretenduë! Il doit du moins leur rendre cette vertu fort suspecte, & les empêcher de se savoir si bon gré de leur tendresse pour les miserables; & même de la compassion dont ils se sentent touchés, lors qu'ils pensent aux soufrances de Jesus-Christ: car il se peut fort bien faire que tout cela ne soit qu'un effet naturel du principe mécanique de compassion.

V.

Qu'on ne s'aplaudisse donc point d'avoir le cœur tendre & sensible pour les miseres du prochain. Qu'on ne se flate pas aisément que ce soit la charité qui ait formé cette disposition. Souvent cette sensibilité ne vient que d'une plus grande delicatesse d'organes. Car le mouvement des esprits excité à la vûë sensible d'un objet touchant, se communicant plus violemment aux fibres d'un corps delicat, qu'à celles d'un corps robuste ou en-

durci ; les sentimens qui s'en ex- *3. part.*
citent dans l'ame, doivent, en *sect. 3.*
consequence des loix de son
union, estre à proportion plus
vifs. Et c'est par cette raison
que les femmes & les enfans sont
beaucoup plus tendres & plus
portés à la compassion que les
autres. Il s'en trouve qui, par
cette disposition, ne peuvent,
sans s'évanoüir, voir seigner
une personne, ou tuer un pou-
let.

VI.

Qu'on juge de là, combien il
est aisé, sur tout aux femmes, de
donner dans l'illusion à l'égard
des sentimens de devotion. Leur
imagination beaucoup plus vive
& plus delicate que celle des
hommes, peut faire dans leur
corps, & par contre-coup dans
leur ame, à peu prez, les mêmes
impressions que la presence sensible d'un objet.

VII.

3.part. sect. 3.

Ainsi les simples images qu'elles se forment de la Passion de Jesus-Christ, & des suplices des Martirs, dans leurs meditations, peuvent les remuer & les atendrir à peu prez autant qu'auroit fait la realité de ces évenemens, si elles y avoient été presentes. Et cela leur arive, sur tout si, avec cela, leur imagination se trouve aidée par la vûë sensible de quelques tableaux ou de quelques figures qui representent vivement ces evenemens tragiques.

VIII.

Qu'on ne se fie donc pas aux sentimens de compassion, de tendresse & de condoleance que l'on éprouve alors : qu'on se fie aussi peu aux larmes que l'on répand ; qu'on ne se fie enfin, ni à ces desirs d'imitation de soufrance dont on est touché ; ni même à ces exercices de pénitence dont on

s'aquite

s'aquite alors avec tant de plaisir. Je ne dis pas que ces choses soient mauvaises, à Dieu ne plaise, mais elles sont équivoques; & il se peut fort bien faire que toute cette compassion, cette tendresse & ces larmes ne soient qu'une suite necessaire de la delicatesse des organes & de la vivacité d'une imagination échaufée; & que ces exercices de pénitence ne viennent que du plaisir que l'on trouve à prendre le plus de part que l'on peut aux douleurs de ceux à qui l'on compatit.

IX.

Il y a encore plus que cela, & l'illusion peut aler plus loin : car il peut ariver à quelques personnes d'un temperament extremement delicat, que pendant qu'elles s'apliquent fortement à la consideration d'un objet touchant, par exemple, d'un Crucifix; elles se representent si vivement la douleur des playes des mains & des pieds, & celle que causa le couronement d'épines ; qu'elles ressentent dans les parties de leur corps qui répondent à celles-là, un fremissement d'esprits qui leur cause quelque douleur ; & de là il peut encore ariver que par le desir qu'elles ont de participer au suplice du Sauveur, elles prennent par une illusion de bonne foy, ce leger sentiment de douleur, pour une impression réelle des playes du Sauveur, & pour une vraye aplication de sa courone d'épines.

X.

On auroit peut-être peine à croire que cette compassion naturelle qui suit necessairement de l'impression sensible d'une figure devote sur l'imagination de quelques personnes, pût aler jusques là ; je veux dire, jusqu'à causer quelque douleur dans les parties du corps : si je ne faisois voir par un fait incontestable, qu'elle peut même aler plus loin. Voici le fait, je ne dirai rien que je n'aye vû & entendu. *3.part. sect. 3.*

XI.

Dans une Ville de ce Royaume je rencontrai un jour un jeune homme âgé de quinze à seize ans, que l'on soutenoit par dessous les bras, parce qu'il ne pouvoit se soutenir lui-même. A peine eus-je jeté les yeux sur lui, que je fus trez-surpris de lui trouver bien de la ressemblance avec un Crucifix. Il avoit le visage livide, moucheté de quelques goutes de sang, la tête enfoncée entre les épaules, la poitrine avancée, les bras depuis l'épaule jusqu'au coude élevez, les deux pieds l'un sur l'autre, & les genoüils pliés. Dans les reflexions que me fit faire en peu de tems l'extraordinaire de ce spectacle, je fus frapé d'une extrême curiosité d'avoir un moment de conversation avec Mᵉ sa mere. Je l'obtins: & elle eut la bonté de me donner, sur cela, tous les éclaircissemens que je souhaitois & que j'atendois. Elle m'aprit donc qu'ayant eu, étant fille, beaucoup de devotion à un Crucifix qu'elle conservoit, & s'étant fait une espêce d'habitude d'aler lui conter toutes les peines qui lui arivoient; étant ensuite mariée, il lui en ariva une assez cuisante, pendant sa grossesse; pour en aler chercher, à son ordinaire, l'adoucissement aux pieds de son Crucifix. Que là elle se sentit extraordinairement touchée des soufrances du Sauveur; qu'elle demeura assez long-tems à les repasser les unes aprez les autres dans son cœur, avec tendresse & desir de les imiter; & qu'enfin elle ne soupçonnoit point d'autre cause de ce qui étoit arivé à l'enfant dont elle acoucha ensuite. Mais elle ajoûta que ce que j'en voyois, alors, n'étoit rien, en comparaison de ce qu'il étoit lors qu'il naquit : que les cinq playes étoient parfaitement marquées ; aussi-bien que le sang & les larmes sur le visage : & que tout étoit beaucoup plus ressemblant : mais qu'elle lui avoit fait faire tant de remedes, qu'elle avoit un peu diminué de cette ressemblance.

3. part.
sect. 3.

XII.

Il n'y a, ce me semble, personne qui ne voye bien de ce simple & fidele recit que la compassion naturelle excitée dans cette femme, par la vûë sensible du Crucifix ; & soûtenuë de l'action de l'imagination, dût determiner les esprits à se porter avec rapidité non seulement dans les parties du corps de la mere, qui répondoient à celles qu'elle voyoit maltraitées dans le Crucifix ; mais aussi, par contre-coup, dans celles de l'enfant qu'elle portoit. Car les enfans dans le sein de leurs meres, sont avec elles dans une parfaite communauté de mouvemens & de sentimens. Et l'on voit bien encore que la difference des effets que ce cours d'esprits produisit dans la mere & dans l'enfant, ne vient que de celle de la delicatesse de leurs organes. Car les membres de l'enfant étant incomparablement plus delicats que ceux de la mere : ce qui ne produisit dans ceux-cy que quelque fremissement, ou quelque legere douleur, forma dans ceux-là, à cause de leur extréme molesse, ces impressions & ce derangement qui causent tant d'admiration.

XIII.

Ajoûtez à cela, que la mere s'étant sentie portée à l'imitation du Crucifix qu'elle consideroit; son enfant aura dû aussi s'y sentir disposé : Mais il y a eu entre l'une & l'autre cette notable difference; que les esprits & les autres principes d'imitation dont nous avons parlé cy-dessus, & qui leur convenoient également, n'ayant pu rien déranger dans le corps de la mere, à cause de la dureté & de la resistance de ses organes; auront trouvé une extrême facilité à faire prendre au corps de l'enfant, à cause de la delicatesse de ses membres & de ses fibres, la posture & la situation du Crucifix, & en un mot, à lui faire exprimer sa parfaite ressemblance.

3. part. sect. 3.

XIV.

Et il faut bien remarquer qu'il n'est point necessaire que tout ce dérangement se soit fait en même tems. Comme la mere ne consideroit les soufrances du Sauveur que par parties, & que les unes aprés les autres ; les esprits ne se portoient aussi que successivement dans les diverses parties de la mere & de l'enfant.

XV.

Au reste qu'on n'infere pas de cet exemple, que les femmes,

3. part.
sect. 3.

dans le tems de leur grossesse, ne doivent pas mediter la Passion de JESUS-CHRIST. Ce que l'on en doit raisonnablement conclure, est : que les femmes & les hommes devroient, en la meditant, faire beaucoup plus d'usage de leur foy & de leur intelligence, que de leur imagination: car il est inconcevable combien cette faculté, lors qu'elle est une fois échaufée, impose & séduit dans les exercices de la vie spirituelle ; & sur tout dans celui de l'oraison. Elle fait prendre des phantomes pour des realités; de pures visions, pour des révelations : des états chimeriques, pour des états effectifs : des mouvemens purement naturels, pour des impressions surnaturelles de l'Esprit de Dieu : des épuisemens de teste, & des éblouissemens pour des extases : de simples mouvemens d'amour propre pour les plus vives flammes de l'amour de

Dieu : quelque redoublement dans les batemens du cœur, pour de nouveaux accez de cet amour divin. Un *in folio* ne sufiroit pas, si l'on vouloit faire un détail de ce que l'on sait de ces égaremens, & de ce qu'on en a apris d'original.

§. III.

Continuation du même sujet.

I.

SI les effets de ce principe mécanique de compassion ne se répandoient que sur le corps, ce ne seroit pas un grand mal ; mais ils passent jusques au cœur ; & c'est ce qui fait qu'on entre si aisément dans les passions de ceux avec qui l'on converse ; & qu'elles se gagnent quelquefois aussi facilement que la fievre. Cela arive, sur tout, entre les personnes dont les dispositions de temperament ont quelque con-

3.part.
sect.3.

formité. Ce n'est pas qu'un homme passionné & agité d'une passion violente ne passionne, dans le moment, presque tous ceux qui le voient, soit qu'ils soient de même, ou de different temperament. Il n'est presque pas possible d'empêcher que la vûë sensible des traits que la passion forme sur le visage de cet homme, ne produise des traces dans le cerveau, des mouvemens dans les esprits animaux, & des impressions dans le cœur, fort semblables à celles dont cet homme est agité : mais lorsque ces impressions ne sont pas favorisées par le temperament, & par les dispositions de la machine ; elles s'effacent d'ordinaire dés qu'on n'est plus en presence de cet emporté.

II.

C'est aparemment icy une des raisons pour lesquelles on retire si peu de fruit de certains Sermons dont on a été extrémement touché, lors qu'on les entendoit. Le Predicateur prêchoit de la maniere du monde la plus vive, la vertu, l'austerité & la penitence. Il se donnoit cent divers mouvemens pour paroître penetré de leur beauté & transporté de leur amour. L'image si sensible & si vive de ces dispositions peinte sur son visage, en formoit imperceptiblement une toute semblable dans le cerveau, sur le visage, & même dans le cœur de ses auditeurs, on se croyoit inébranlable dans l'amour de la penitence. Mais le Predicateur a-t-il disparu ? toutes ces dispositions se sont evanouïes. Parce que ne trouvant rien qui les favorisât dans le temperament des auditeurs ; n'y trouvant au contraire rien que de fort opposé à l'austerité & à la penitence ; ces dispositions, qui n'avoient pû y estre introduites qu'avec violen-

ce; ont disparu, dés que l'effort
a cessé. Et dés que le Predicateur
s'est tû : *periit memoria eorum
cum sonitu.*

III.

On peut voir de là la raison
de l'extrême diference des éfets
que produisent aujourd'huy nos
plus saintes prédications, à ceux
que produisoient autrefois ces discours & ces harangues que l'on
faisoit au peuple & aux soldats,
pour les porter à quelque entreprise violente & extrémement
dificile. Ces discours étoient presque toûjours suivis de l'éfet &
d'un hureux succez ; parce que
quoique les entreprises fussent
d'ordinaire fort contraires au temperament de la plûpart de ceux
qu'on y vouloit porter: neanmoins,
comme il ne s'agissoit que d'une
action passagere, & qu'on les y
apliquoit dés qu'on les avoit su-
fisamment remués ; on ne donnoit
pas le tems au mouvement de se

ralentir, ni à la passion qu'on avoit alumée, de se refroidir. Au lieu que la vertu, l'austerité & la penitence étant pour les Chrétiens des exercices de toute la vie, & les prédications qui y portent, étant trez-rares ; les mouvemens & les saintes passions qu'elles excitent, se dissipent bientôt, si elles ne sont soutenuës par la grace.

3. part. sect. 3.

IV.

On peut encore juger de là, de quelle utilité sont les exhortations à la mort, que l'on fait à ceux qui sont condamnez à mourir, ou d'une mort violente, ou d'une mort naturelle ; & combien cela peut leur servir à faire du moins avec tranquilité, le sacrifice de leur vie.

V.

En combien d'illusions l'ignorance de toutes ces choses ne peut-elle pas nous jeter ? Dans une disposition favorable on en

230 Du coeur humain

3.part.
sect.3.

tend un Prédicateur dire merveilles sur le mépris du monde, & étaler de la maniere la plus éloquente & la plus touchante, les avantages de la vie Religieuse & solitaire. A ce discours, le feu s'alume, le cœur s'embrase, la chaleur se répand jusques sur le corps. En cet état, l'esprit & la chair n'imaginent plus d'autre joye que celle de goûter Dieu. Dans ce moment actuel d'une ardeur passagere, on prend son parti; & sans consulter personne, on part de la main, & l'on se jête avec éclat dans un Cloître. A peine ce pas est-il fait, que ce feu venant à s'éteindre, on se trouve tombé des nuës; on ne regarde plus le Cloître que comme une terre qui devore ses habitans; on ne songe plus qu'à en sortir; ou si parce que le pas est fait, on veut soutenir la gageure, à quels ennuis & quels chagrins ne s'expose-t-on pas !

VI.

D'où viennent la plûpart des liaisons, des simpaties, des ataches ? D'où vient que les personnes guayes cherchent les humeurs enjoüées ; que les tristes se lient avec les melancholiques ; que les tranquiles se plaisent avec les humeurs douces ; que les emportés se faufilent si volontiers avec les turbulens ? C'est que dans ces liaisons chacun trouve de quoi entretenir sa passion favorite, & se sent remué d'une maniere conforme à son temperament ; de sorte que comme rien ne fait plus de plaisir ; rien aussi n'atache plus aux personnes qui le causent : & ainsi il arive souvent que l'on prend pour de parfaites amitiés, des liaisons qui ne relevent que de la machine.

VII.

Il est surprenant combien ce qui frape les yeux, l'oreille & les autres sens, a de pouvoir pour

232 Du COEUR HUMAIN
changer subitement le cœur humain, & pour le corompre. Ce foible en ce qui regarde les yeux, est assez connu ; & c'est même sur cette connoissance, qu'est fondée la retenuë de ceux qui veillent un peu sur leur cœur, & la défiance perpetuelle où ils sont de leurs yeux.

VIII.

Mais communément on ne se défie pas assez de l'oreille : on ne la croit pas si suspecte d'intelligence avec les ennemis du cœur ; ou du moins on s'imagine qu'il y a bien plus loin de l'oreille, que des yeux au cœur. Pures illusions : le chemin est tout aussi court. Du cœur à tous les sens il y a des chemins couverts si glissans, & des cordes tellement tenduës, que les mouvemens se transmetent en un instant d'un bout à l'autre : & les impressions que font sur ce cœur, les ébranlemens excités sur le tambour de l'oreil-

le, par les chanſons, les airs me- 3. part.
lodieux, & le ſeul ton de la voix, ſect. 3.
ne ſont ni moins vives, ni moins
touchantes, ni moins dangereu-
ſes, que celles qui paſſent par les
yeux.

IX.

Un air bien chanté a deux ſortes de langages, tous deux propres à ſe faire entendre du cœur;
mais dont l'un lui fait des impreſſions bien plus vives que l'autre.
Ces deux langages ſont fondés
ſur deux ſignifications qui ſont
propres à cet air : l'une eſt arbitraire & d'établiſſement humain;
l'autre eſt naturelle & fondée ſur
les loix de l'union de l'eſprit
avec le corps.

X.

La ſignification arbitraire, eſt
celle qui eſt atachée aux paroles:
car il eſt viſible que ce n'eſt que
parce que les hommes en ſont
convenus, que tels & tels termes ſignifient telles & telles cho-

ses. La liaison des idées avec les termes est purement d'institution humaine.

XI.

La signification naturelle dans les chansons, est celle qui est atachée à l'air & à ses cadences, au ton de la voix & à ses inflexions: car tout cela presente naturellement à l'esprit des auditeurs, les images des diverses passions & des divers mouvemens dont la personne qui chante est agitée, ou du moins dont elle feint de l'être; & l'image de ces mouvemens forme par contre-coup, des passions toutes semblables dans le cœur des auditeurs.

XII.

Mais ce n'est pas encore là tout ce que comprend cette signification naturelle: mille idées accessoires, fort differentes de celles que presentent les paroles, & toutes touchantes & remuantes, se glissent furtivement dans l'es-

prit des auditeurs, & cela diffe- 3.part.
remment, suivant la diversité de sect. 3.
leur temperament, de leur âge,
de leurs inclinations, de leurs
habitudes ; & les remuent aussi
differemment, suivant les dispositions de leur machine.

Or il est bien certain que ce
n'est qu'en consequence des loix
de l'union de l'esprit & du corps,
que ces voix, ces airs, ces cadences forment ces impressions,
excitent ces idées, & conspirent
ainsi à toucher le cœur & à le remuer, à l'atendrir, ou à l'aigrir.

XIII.

Ce qu'il y a en cela de bien
digne d'être remarqué, c'est que
ce n'est pas simplement à entendre chanter les autres qu'on se
sent remué : on se remuë soi-
même en chantant. Que disje ?
on se touche, on s'atendrit en
imaginant simplement les diverses cadences & inflexions d'un air,
sans même songer aux paroles.

XIV.

3 part.
sect. 3.

Voilà donc ce que comprend la signification naturelle d'un air, & ce qui fait voir combien elle est plus vive, plus remuante & plus touchante que la signification des paroles. Mais quoi qu'elle soit si étenduë, si vive, si remuante & si touchante; c'est neanmoins celle à laquelle d'ordinaire on fait moins d'atention, & dont on se defie le moins : on ne prend garde qu'à la signification des termes; & pourvû qu'ils ne presentent à l'esprit nulle idée deshonnête, on ne soupçonne pas qu'il y ait le moindre danger à les entendre chanter.

XV.

Mais que c'est peu connoître cette signification naturelle ; & que c'est être peu savant dans la connoissance de l'homme, que de ne pas voir le desordre qu'elle peut causer dans un cœur, & les playes qu'elle y peut former! telle

parole qui non chantée n'auroit 3.*part.*
pas eu la force de vous faire la *sect.* 3.
moindre impression, est capable,
lors qu'elle est chantée, de vous
toucher, de vous remuer, & de
tout boulverser dans votre cœur.
Tout vous parle, tout vous impose, tout vous seduit dans un
air bien chanté ; paroles, cadences, inflexions, chutes ; il n'est
pas jusques au ton de la voix de
la personne qui chante, qui n'ait
son langage particulier, souvent
intelligible au seul cœur. Il n'y
a rien en tout cela, qui n'excite
des sentimens, qui pour être
quelquefois un peu sourds, n'en
remuent pas moins vivement ;
rien enfin qui ne rapelle d'anciennes idées, ou qui n'en excite
de nouvelles, les unes & les autres souvent fort dangereuses.

XVI.

Cependant mille gens, d'ailleurs craignans Dieu, prennent
plaisir à entendre bien chanter, sans

croire faire le plus petit mal. Quel mal fais-je, disent-ils ? j'écoute des paroles qui n'ont rien que de chaste, que d'honeste, que d'édifiant. C'est un plaisir qui n'est point défendu, & dont on peut user innocemment.

C'est ainsi qu'on ne fait atention qu'au sens des paroles, à la justesse de la composition de l'air, & à la maniere mesurée & methodique dont on le chante; & qu'amusé de ces objets directs & principaux, on ne fait nulle reflexion sur cent idées accessoires qui se presentent furtivement à l'esprit; sur mille sentimens doux & tendres qui se glissent dans le cœur, & sur autant de mouvemens de passion dont on est imperceptiblement agité.

XVII.

Il n'y a point d'air qui par ses differentes parties & ses diverses mesures ne soit propre à faire naitre differentes passions, & à exciter divers mouvemens dans le cœur. L'impreſſion lui en continuë, tant que l'imagination conſerve les images de ſes meſures & de ſes cadences ; & , ce qui eſt bien remarquable , c'eſt que lors qu'une fois les traces de ces cadences & celles de ces paſſions & de ces mouvemens ont eſté bien unies ; quoique dabord le ſens des paroles ait contribué à exciter ceux-cy ; on ne peut plus enſuite entendre chanter l'air ſeul, ſans paroles , ni même ſe retracer tacitement les images de ſes cadences & de ſes meſures , ſans ſentir les mouvemens de ces paſſions ſe renouveller. Et tout cela ſe paſſe auſſi neceſſairement, qu'un écho repete l'air de ceux qui chantent à une juſte diſtance du lieu où il eſt.

3.part. ſect.3.

XVIII.

Cecy fait bien voir l'illuſion de ceux qui s'imaginent que pour ôter aux airs ce qu'ils ont de pro-

3.part.
sect.3.
fane & de dangereux, il n'y a qu'à changer les paroles; & que dés qu'on en aura substitué d'édifiantes, ces airs n'auront plus rien que de spirituel, que de consacré; & pouront passer pour des Cantiques propres à estre chantés même dans nos Eglises. Cette maniere de spiritualiser les airs, n'est qu'une pure illusion; & elle est d'autant plus dangereuse, qu'on s'en défie moins. L'esprit trompé par le sens specieux des paroles conte pour rien le langage de l'air; ou, s'il en est remué, il ne soubçonne pas qu'il y ait le moindre mal à s'abandonner à ces mouvemens, & à se laisser atendrir le cœur; & il ne fait pas reflexion que cent idées accessoires extrêmement sensibles & touchantes dérobent imperceptiblement les mouvemens de ce cœur, & le tournent vers des objets fort differens de ceux de la pieté.

XIX.

XIX.

3. par. sect. 3.

Cet effet est sur tout immancable, lorsque ces airs spiritualisés ont dabord été composés sur des paroles profanes ou trop libres : car la liaison de l'air avec ces paroles en a produit une autre bien plus étroite de l'air avec les sentimens & les mouvemens du cœur; de sorte que quoique avec le tems les paroles puissent s'oublier, & leur liaison avec l'air puisse ainsi se détruire; la liaison de l'air avec les sentimens & les mouvemens ne se rompt presque jamais. Et ainsi l'on a beau substituer des paroles édifiantes à un air dont on a autrefois reçu des impressions dangereuses; il arivera presque toûjours, que pendant que le sens de ces nouvelles paroles voltigera sur la surface de l'esprit; il se trouvera penetré de cent idées furtives, qui rameneront imperceptiblement dans le cœur les anciennes impressions.

XX.

[marginalia: 3.part. sect. 3]

C'est faute de reflexion sur ces idées furtives, & sur ces clandestines impressions, qu'en fait de pieté on conte d'ordinare pour rien les chansons, pourvû que les paroles n'ayent rien qui blesse la pudeur. C'est sur cela que ben des gens qui font profession d'avoir rompu avec le monde, se dédommagent de leur rupture, sur tout dans le commencement de leur conversion ; & se soutiennent contre l'ennui de leur nouvel état.

XXI.

On en a connu qui, sans nulle obligation à la solitude, passoient les journées entieres à chanter un air, ou à le rouler sourdement dans leur imagination ; & à qui un tel exercice tenoit lieu de tous les plaisirs, de toutes les compagnies, de toutes sortes de divertissemens. C'estoit leur causer le dernier chagrin, que de les inter-

PAR RAPORT AU CORPS. 243
rompre dans cette ocupation : ou *3. part.*
que de leur offrir compagnie. *sect. 3.*
D'où venoit cela ? & qui pouvoit
faire leur charme dans cet exercice ? Eſtoit-ce le ſens des paroles,
ou la juſteſſe des cadences de l'air ?
ni l'un ni l'autre. C'eſtoient cent
idées acceſſoires & furtives, qui
donnoient à leur cœur cent divers mouvemens ; & qui excitoient de ces paſſions melancoliques, dont la douceur tranquile
& recueillie eſt ennemie de la diſſipation & des grands mouvemens. Mais laquelle cependant
n'eſt gueres moins propre qu'eux
à afoiblir & corompre le cœur.

XXII.

Ces idées acceſſoires & furtives ſont la plus ample, & en même tems la plus funeſte ſource de
nos illuſions. Cette ſource eſt la
plus funeſte : parce qu'elle nous
corrompt le cœur, la plûpart du
tems, ſans que nous nous en apercevions. Et elle eſt la plus éten-

L ij

duë : parce qu'elle se trouve dans tous nos sens ; & que nous ne faisons presque nul usage d'aucun objet sensible, qu'il ne s'excite de ces idées.

XXIII.

La vûë d'une seule couleur est capable, par le moyen de ces idées, de ressusciter une passion qu'on croyoit amortie.

On a connu une personne à qui l'odeur d'une certaine fleur ramenoit immancablement, toutes les fois qu'elle la sentoit, un grand nombre d'idées sensibles de grandeur, de noblesse, de beauté, de delicatesse, de volupté, dont l'amas confus excitoit imperceptiblement, dans son cœur des mouvemens de passion conformes à ces objets. Elle a esté long-tems à croire qu'il n'y avoit, pour elle, nulle action plus indiferente, que celle de sentir cette fleur. Uniquement frapée de la simplicité, & pour ainsi dire, de l'innocence de

cet objet, elle ne faisoit nulle at- 3.parr.
tention sur ces idées furtives, & sect. 3.
moins encore sur ce qui se passoit
dans son cœur. De tous ces divers
mouvemens agreables dont il
étoit touché, elle se faisoit une
espêce d'objet confus & total,
qu'elle ne regardoit que sous l'image d'un plaisir innocent.

XXIV.

Si l'on s'observoit un peu, si
l'on étudioit ce qui se passe au
dedans de soi-même ; peut-être
trouveroit-on qu'il n'y a gueres
d'objets sensibles qui ne nous fassent de pareilles illusions, & qui
ne les fassent même quelquefois
aux plus gens de bien. On trouveroit sur les saveurs, ce qu'on a
trouvé sur les odeurs, les sons &
les couleurs ; que cent idées accessoires se mêlent furtivement
avec les idées principales, & vont
corompre le cœur, pendant que
celles-cy amusent l'esprit. Mais
on ne sait presque ce que c'est

que de rentrer en soi-même, que de veiller sur ses pensées, & que de suivre les mouvemens de son cœur. On l'a déja dit ailleurs : mais on ne peut trop le redire ; presque tout l'examen de la plûpart des gens ne consiste qu'à regarder dans leurs mains, & dans les dehors de leurs sens. Ils trouvent qu'ils n'ont point tué, point batu, point juré, point médit. En voila assez pour se savoir le meilleur gré du monde, & pour se croire parfaitement irreprehensibles devant Dieu.

XXV.

Ce n'est pas simplement dans les chansons ; c'est aussi dans le simple usage de la parole, & dans les conversations que l'air & les manieres sont un langage naturel, qui se fait bien mieux entendre que celui des paroles ; & qui est aussi bien plus propre que lui, à nous faire illusion, à nous seduire & à nous corompre le cœur.

XXVI.

3.part.
s.ct. 3.

Comme le langage de la parole n'eſt qu'arbitraire & d'inſtitution humaine; il eſt aiſé qu'on l'employe à marquer des choſes toutes diferentes de ce qu'on a dans l'eſprit & dans le cœur; & qu'un homme, par exemple, n'ayant pour vous qu'un profond mépris, & qu'une extréme indiference; vous diſe, dans les plus beaux termes du monde, qu'il vous eſtime & vous honore infiniment. Il n'en coute, pour cela, que quelques mouvemens à l'inſtrument du monde le plus mobile: je veux dire, à la langue. Et ainſi quiconque connoit un peu l'extréme facilité qu'ont les hommes à faire de pareils complimens, & dire de ſemblables douceurs, ne s'y laiſſera pas facilement prendre. Il n'y a gueres que les fots, les hommes vains & credules, en ce qui les flate, ou ceux qui n'ont nul uſage du monde, qui donnent dans ces panneaux.

XXVII.

Il n'en est pas ainsi du langage de l'air & des manieres, c'est l'expression même de la nature ; & comme on ne peut contrefaire celle-là, sans violenter celle-cy ; on ne se défie gueres qu'un homme veüille se faire cette violence, sans autre dessein que d'imposer. De telles fictions coutent trop à la nature; & ne peuvent pas même estre long-tems soutenuës : parce que rien n'est plus penible que de n'estre pas naturel.

XXVIII.

Et ainsi il est trez-mal aisé qu'un esprit muni de ces justes préjugez, voyant venir à lui un homme de l'air du monde le plus honnête, le plus officieux, le plus poli ; lui faire mille caresses respectueuses & mille offres obligeantes de services; lui dire cent douceurs; lui faire cent complimens flateurs, &

tout cela de la maniere la plus engageante : Il est, dis-je, trez-mal aisé qu'un esprit un peu sensible aux differens airs, ne se laisse prendre à ceux-cy; ne les regarde comme les vives expressions du cœur de celui qui lui parle; & ne se flate d'estre parfaitement bien dans son esprit, & dans son cœur.

XXIX.

Et cependant qu'il est à craindre qu'on ne s'y trompe ! & que tout ce langage autrefois si naturel, autrefois si expressif des vrais sentimens du cœur, autrefois si seur & si sincere, est aujourd'huy devenu équivoque, fourbe & trompeur ! Pour dissimuler honnêtement ses sentimens, on se contentoit autrefois d'un *trez-humble serviteur* sèchement prononcé. Sur cela, on se le tenoit pour dit, & il n'étoit pas besoin d'une grande penetration d'esprit, pour juger du conte qu'il y avoit à faire sur un pareil compliment :

2.part.
liv. 3.

peu de gens y étoient pris. Mais aujourd'huy tout parle dans les fourbes ; la bouche, les yeux, le front, les mains & les pieds : ils mettent tout en usage. Ils ont trouvé l'art de forcer la nature jusques à répandre sur leurs visages les airs de sincerité, de candeur, de simplicité, de franchise, de zéle, d'empressement & de dévoüement pour ceux qu'ils ne songent qu'à trahir & à perdre. Faut-il s'étonner s'ils y reussissent si bien ? Ils mentent impudemment, je ne dis pas simplement de la bouche : mais de tout leur cœur, de tout leur corps, de toute leur personne. Non seulement ils abusent de la parole, signe arbitraire universellement reçu, & institué exprez pour l'entretien de la societé, ils violent même les loix & les droits les plus inviolables de la nature, en la forçant de répandre sur le visage & sur tout le maintien des fourbes, ses signes les plus naturels, & mille caracteres de sentimens & de mouvemens qu'ils n'ont point dans le cœur.

XXX.

Que les airs ont de pouvoir pour changer les dispositions du cœur, & pour corompre le jugement de son amour! Ce n'est presque que sur les airs, & rarement sur les qualités essentielles & solides, qu'on juge du merite des hommes; ce n'est que sur les faux raports de l'imagination, & nullement sur le discernement de la raison que se forment les premieres impressions du cœur par raport aux gens. Car l'imagination qui lui rend conte de ces airs, lui tient un langage bien plus vif & plus sensible que celui de la raison: elle parle bien plus haut, & se fait bien mieux écouter.

XXXI.

D'ailleurs le préjugé general où sont les hommes charnels contre tout ce qui tient du metaphyſique, fait qu'ils ne regardent les plus pures lumieres de la raiſon, que comme des vûes ſombres & abſtraites, qui ne doivent paſſer que pour fort inferieures aux idées vives & ſenſibles de l'imagination, lors qu'il s'agit de juger du merite des gens; & ainſi c'eſt preſque toûjours l'air qui décide de ce merite; & c'eſt ſur tout dans les Cours, dans le grand monde, qu'on le reconnoit comme l'arbitre ſouverain, non ſeulement du merite des hommes; mais même de leur fortune & de leurs deſtinées. Je crois avoir déja touché ce ſujet: mais on ne peut trop le retoucher, tant il eſt important, & peu obſervé.

XXXII.

L'air ſimple & negligé ne s'atire d'ordinaire que le mépris. Dût-il cacher le plus honnête homme du monde; ſi c'eſt ſous une peruque mal peignée, ſous un chapeau poudreux, ou sous une soutanne crotée; c'en est fait de la reputation de cet homme: l'imagination ne peut croire que de si petits dehors cachent rien de grand.

XXXIII.

Au contraire, l'air propre & poli, l'air étudié & composé enleve dabord l'estime, & ne laisse presque pas à l'imagination, la liberté de douter s'il cache un homme de merite & de consequence, ou un sot.

XXXIV.

L'air fier & decisif est pour mille gens le caractere incontestable d'un savant homme; & au contraire, sous un air timide & modeste, on ne peut pas s'imaginer qu'on puisse trouver la moindre habileté.

XXXV.

Le grand air, l'air noble, l'air d'éclat enleve l'estime de presque tout le monde; & celui qui a trouvé l'art de s'en revêtir, peut conter qu'il a trouvé la clef des cœurs : on l'estimera, on l'aimera, il aura raison en toutes choses, ne dît-il que des impertinences : il sera regardé comme le modele du bon goût, non seulement sur les modes & les ajustemens, mais aussi dans les choses d'esprit, & en ce qui ne releve que de la raison & du bon sens ; ce sera son caprice qui donnera le prix aux choses, & les moindres pointes d'esprit passeront avec son atache, pour les plus ingenieuses découvertes.

XXXVI.

Tout au contraire de l'air sombre, bas & obscur ; tout homme qui a le malheur d'en estre revêtu, doit s'atendre à un mépris presque universel : quelques bonnes choses qu'il dise, il n'aura jamais raison, le travers de sa figure en metra jusques dans son esprit, l'obscurité & la bassesse

de son air se répandront jusques 3.part.
sur ses plus nobles pensées & ses sect.3.
plus claires expressions. Pour décrier les plus grandes veritez, ce
sera assez de lui en voir parler
avec estime.

XXXVII.

D'où vient qu'un homme d'un
trez-petit merite, dés qu'il est
mis en place, commence à nous
paroître tout autre, non seulement
par son rang & sa dignité, mais
aussi par ses qualités personnelles?
D'où vient qu'on y trouve & qu'on
y révére même une habileté, un
genie, un savoir, une eloquen-
ce, une force d'esprit parfaitement inconuës jusques alors ; &
qu'au contraire, s'il vient à être
destitué & à perdre sa place, il
redescend tout d'un coup de deux
ou trois crans dans notre estime ;
il perd en un moment toutes ces
bonnes qualités sous lesquelles
son rang nous l'avoit fait paroître ; & plus dénué de merite que

jamais, à peine peut-il retrouver dans notre esprit la premiere place qu'il y avoit ocupée ? C'est encore un coup, que nous ne jugeons du merite des gens que par les dehors, & nullement par le fond : c'est que l'accessoire & le frivole fait sur notre imagination, & par contre-coup, sur notre cœur, plus d'impression que le réel & le principal : c'est enfin que le brillant de la grandeur nous éblouït & nous empêche d'apercevoir dans l'homme ce qui fait l'homme, pour ne nous y laisser plus voir que ce qu'il a de fastueux, en un mot, que de vains titres, signes fort équivoques de merite & de vertu.

XXXVIII.

Notre illusion à cet égard, est bien moins excusable que celles qui nous reviennent des airs & des manieres ; car les charges, les dignitez, les titres de grandeur sont, comme je viens de

le dire, parfaitement équivoques. *3 part.*
Il est encor vrai aujourd'hui, ce *sect. 3.*
que Saint Augustin remarquoit
de son tems, que souvent ils ca‑
chent bien de mal-honnêtes gens:
mais il est rare au contraire, que
les airs & les manieres soient équi‑
voques.

XXXIX.

Quel remede donc, & quel
preservatif contre ce torrent d'il‑
lusions qui nous viennent des airs
& des manieres ? Le voicy. Ce
n'est pas assez d'entrer en défiance
de ces signes si naturels ? Il s'en
trouvera de si vifs, de si sensibles,
& de si flateurs ; que malgré tou‑
te la défiance, on s'en laissera fla‑
ter, toucher, ébranler ; en un
mot, on s'y laissera prendre.
Il faut travailler à se rendre
moins sensible & moins delicat
aux airs & aux manieres ; & à fai‑
re moins d'usage de son ima‑
gination. Il faut s'acoûtumer,
(& cecy peut encore servir contre

les illusions qui nous reviennent du brillant de la grandeur) il faut, dis-je s'acoûumer à consulter la raison : à juger des choses par elles-mêmes, & non pas par les manieres ; il faut même passer jusques à méprifer celles-cy. Il faut sans cesse dépouiller les hommes de ces airs flateurs, de ces manieres seduisantes, de ces dehors imposteurs ; & les attendre, pour les connoître, aux ocasions de services réels. En un mot, on ne peut trop s'endurcir aux airs & aux manieres. Cette regle est également utile pour la vie civile, & pour la pieté ; pour la perfection de l'esprit, & pour celle du cœur.

3. part.
sect. 3.

CHAPITRE XI.

De la seule presence des objets corporels, passionnés, ou non, animés, ou non.

I.

CE ne sont pas simplement les objets passionnés ou animés qui nous passionnent & qui font impression dans nôtre cœur ; la simple presence d'un objet corporel, soit qu'il soit passionné, ou qu'il ne le soit pas ; animé ou non, peut nous remuer trez-vivement, & faire dans nôtre cœur de grands ravages.

II.

Comment un saint Roy parfaitement selon le cœur de Dieu ; le plus doux & le plus équitable des hommes devint-il en un mo-

ment adultere, homicide, ennemi de Dieu, barbare, inhumain,
violateur des plus saintes loix de
la raison & de la justice ? Quelques aparences de blanc & de
rouge mêlés sur le visage d'une
femme, causerent, dés la premiere
fois, tous ces funestes effets. Il seroit aisé d'aleguer une infinité de
pareils exemples.

III.

Les choses même les plus insensibles peuvent faire de trez-vives
impressions dans le cœur humain,
par la liaison des traces qu'elles
rencontrent dans le cerveau, &
par ces idées accessoires dont je
parlois tantôt. C'est par là que
même le silence & l'obscurité d'un
bois, le murmure d'un ruisseau,
l'odeur d'une fleur, le chant d'un
oiseau peuvent remuer le cœur
d'une maniere trez-vive, réveil-
ler des passions que l'on croyoit
éteintes, & en exciter de nouvelles. Il y a bien de l'aparence

que le jeune Benoît n'avoit de ses jours éprouvé rien de semblable à ce qu'il ressentit dans le fond de sa solitude, lors qu'un oiseau qui vint se situer devant lui, lui rapela l'idée d'un objet flateur, qu'il n'avoit peut-être jamais regardé que fort indifferemment.

3.part.
sect .3.

VI.

A peine Isaac eut-il senti les parfums des habits d'Esaü, dont Jacob s'étoit revêtu, que cette odeur lui retraça si vivement l'idée de son fils ainé, qu'il ne douta plus que ce ne fût lui : & qu'alors toute sa tendresse pour lui, qui avoit été comme suspenduë, par son doute, se ranima. Ce fut ainsi que son esprit & son cœur devinrent les dupes de son odorat.

V.

Cette illusion n'est pas si rare qu'on pouroit se l'imaginer. Que de devots acoûtumez à de longues stations dans les Eglises, ne s'y croyent atachés que par le cœur, qui, dans la verité, n'y sont retenus que par les sens. Il y fait frais, il y fait beau, il y sent bon. Il n'en faut pas davantage pour les retenir ; & ainsi une bonne voute impenetrable aux rayons du Soleil, la manificence des ornemens, quelque cassolette, ou quelques fleurs sont les vrais liens qui atachent là secretement ces devots : pendant qu'ils en font tout l'honneur à Dieu, & tout le merite à leur cœur.

VI.

Presque tout nous plait, dés qu'il est nouveau : & les mêmes choses qui nous ont charmé dans leur nouveauté, nous deviennent insuportables, en vieillissant, sans changer de nature. Je ne parle pas simplement des choses animées, comme des hommes ; car il est vrai que ceux-cy changent en vieillissant, du moins par le corps. Je parle des choses les plus insensibles, comme des belles maisons,

des jardins, des bijoux, des aju- 3.part.
stemens. Nous changeons de dis- sect. 3.
positions de cœur par raport à tout
cela, sans que cela change. Et
quoique l'action de ces objets soit,
de leur part, toûjours la même;
les impressions qui en reviennent
au cœur sont trez-differentes.

VII.

Cette inegalité, cette bizarerie, cette instabilité de nos gouts
& de nos sentimens est la grande
source de cette éternelle vicissitu-
de des modes. Tel ajustement dont
on avoit esté enchanté, lors qu'on
l'inventa, rebute, dés qu'il a quelques années. On avoit cent fois
dit qu'il n'y avoit rien de mieux:
qu'il séioit parfaitement bien:
que sa durée seroit éternelle; & à
peine a-t-il dix ans de vie, qu'on
le condamne au feu: ou qu'on le
relegue chez les Iroquois.

Plût à Dieu que cet amour du
changement & de la nouveauté
ne passât pas jusques dans les de-

voirs de la Religion & dans les exercices de pieté !

VIII.

Reconnoissons du moins nôtre foible ; & combien les dispositions de nôtre cœur sont dependantes des impressions que les corps du dehors font sur nos sens : puisque cette instabilité ne vient que du changement qui arive à nos organes. Dés qu'ils se sont endurcis à l'action des objets ; ils n'en sont plus également ébranlés ; & l'impression qui en revient au cœur n'en est plus ni si vive, ni si sensible ; & ainsi ces objets, sans nul changement de leur part, nous deviennent imperceptiblement insipides, desagreables, dégoutans ; de sorte que l'on veut changer, à quelque prix que ce soit. Que cela fait bien voir aussi la petitesse & le vuide de ces objets, & que ce n'est pas pour eux que nôtre cœur est créé ! Il est vrai cependant que malgré leur peti-

tesse & leur vuide, nous y tenons *3 part.*
souvent beaucoup plus que nous *sect. 3.*
ne penſons.

IX.

Dans l'opulence & l'abondance de toutes choſes où vous eſtes né, vous vous imaginez ne tenir à rien de ce que vous poſſedez ſi tranquillement. On vous vient annoncer, dans un jour de regale avec vos amis, que vos vignes ont eſté grêlées ; ou que vôtre caroſſe ayant verſé, les glaces en ſont caſſées. Vous recevez tranquilement ces nouvelles : la joye de la preſence de vos amis vous permet à peine d'y faire reflexion, & vous jureriez que vous n'avez nulle atache à ces choſes : mais obſervez-vous un peu dans la ſuite : ſondez de tems en tems vôtre cœur ; & vous verrez qu'au milieu de cette foule de ſentimens agreables qui vous reviennent de la preſence de vos amis ; il y a dans je ne ſay quel coin de vous-même un certain sentiment confus & sourd, qui vous retient & vous empêche de vous abandonner au plaisir; un sentiment, dis-je, qui se répand imperceptiblement sur les autres sentimens agreables, & qui les trouble. Vous serez même quelque tems à porter l'impression desagreable de ce sentiment, sans savoir quel il est; vous voudrez vous divertir pleinement, & vous ne le pourez : étudiez-vous donc: revenez sur vos pas : rapelez ce qui vous est arivé; & vous reconnoîtrez enfin que ce qui vous retient ainsi, & qui trouble vôtre joye, est une impression desagreable qui s'est formée, à vôtre insçu, dans vôtre cœur, & qui vous est restée des nouvelles qu'on vous a tantôt aportées; & ne doutez plus, aprez cela, que ce cœur ne tînt à vos vignes, & aux glaces de vôtre carosse.

X.

Ce qui fait que nous ne croyons

pas tenir à la plûpart des choses auxquelles nous tenons; c'est que nous avons presque toûjours ou quelque affaire importante, ou quelque passion particuliere & violente, qui nous ocupe, & qui enlevant presque toute nôtre aplication, ne nous permet pas de faire atention aux autres objets de nos ataches.

XI.

Vous vous imaginez que cet homme qui sollicite une affaire de consequence; & que cet Abbé qui est tout ocupé du soin de se disposer aux Actes publics, d'où dependent sa reception au Doctorat, & le reste de sa fortune Ecclesiastique, tiennent peu à leur patrie, & prennent peu de part aux affaires publiques. Faites gagner le procez à l'un, & donnez à l'autre le Bonnet de Docteur; observez les ensuite dans leur état de desocupation & de tranquilité, & vous verrez par leur empressement pour les nouvelles, leur inquietude pour les évenemens, leur joye pour les hureux fuccez, & leur chagrin pour les pertes des villes & des batailles, si les interets de leur patrie & la gloire de leur nation leur font fort indifferentes; & s'ils n'y tenoient pas fortement, sans le savoir.

XII.

Vous vous étonnez de ce que les folitaires font d'ordinaire les plus touchez de ces évenemens, lors qu'ils viennent à leur connoissance. C'est qu'afranchis des passions violentes, & du soin des affaires temporelles, ils font en état de ressentir les moindres blessures, & d'être blessés des moindres coups que l'on porte aux objets auxquels ils tiennent. De tous ces objets à leur cœur il y a des rayons de communication, par lesquels ces objets lui transmettent leurs mouvemens.

XIII.

3. part. sect. 3.

C'est encore cette disposition qui rend les solitaires si sensibles aux plus petits sujets de chagrin, & qui fait qu'on les voit quelquefois se consumer d'ennui pour des bagatelles qui auroient à peine aresté un moment les gens engagés dans le commerce du monde.

XIV.

Hureux ceux qui tout ocupez du desir de plaire à Dieu, & de la grande affaire du salut, se mettent en état d'estre peu touchés non seulement de ces bagatelles; mais même des plus grandes affaires du monde, & de tout ce qu'il estime le plus. Qu'il est aisé de devenir indifferent pour tout ce qui passe, lors qu'on aspire à des biens immuables & éternels!

CHAPITRE XII.

Preservatifs contre les impressions & les illusions qui nous reviennent de la part des corps de dehors.

I.

IL faut l'avoüer de bonne foy, sans la grace de JESUS-CHRIST il y a peu de remedes contre les impressions qui nous reviennent de la part des corps de dehors. Une impression d'amertume répanduë dans le cœur, en même tems que les objets sensibles y répandent leurs trompeuses douceurs : un plaisir spirituel plus grand que celui des sens, délivre bien-tôt le cœur & de ces plaisirs trompeurs, & de ces douceurs se-

PAR RAPORT AU CORPS. 271
duifantes. Mais fans cette grace 3.*part.*
de plaifir, ou d'amertume, qu'il *fect. 3.*
eft mal-aifé de ne pas fuccomber
à ces agreables, mais funeftes impreffions des objets fenfibles ?

II.

Puis qu'il eft donc fi difficile de
fe defendre de ces impreffions,
lors qu'elles ont paffé dans le
cœur; il faut mettre tout en œuvre pour leur en interdire l'accez;
& pour cela je ne fay que deux
voyes qui puiffent avoir quelque
fuccez; l'une, d'éluder autant que
l'on peut l'action des corps propres à nous faire de ces impreffions; & l'autre, de s'afermir, ou
de s'endurcir contre cette action.

III.

Les corps qui nous environnent
font de deux fortes. Il y en a de
l'ufage defquels on peut abfolument fe paffer; & il y en a d'autres à l'ufage defquels nous fommes affujettis malgré nous.

Il y en a dont les impreffions
M iiij

nous sont trez-funestes ; & il s'en
trouve aussi dont les impressions
n'ont rien, par elles-mêmes, de
dangereux ; quoi qu'elles soient
souvent incommodes, & que par
là elles entrent indirectement
dans nos mœurs.

IV.

Il faut donc que chacun s'étudie avec soin ; & voie de quels corps il reçoit de plus facheuses, de plus incommodes, de plus dangereuses, de plus funestes impressions.

V.

Par bonheur, pour nous, il se trouve que les corps dont nous recevons de plus funestes blessures, sont ceux de l'usage desquels nous pouvons absolument nous passer, & dont par consequent nous pouvons éluder les impressions ; & ainsi quand on a remarqué que tels & tels alimens, telles & telles liqueurs, tels spectacles, telles compagnies alu-

ment dans le cœur de dangereu- *3.part.*
ses flammes, ou excitent des sen- *sect. 3.*
timens seduisans; il ne faut pas
heziter à se les retrancher. Ce
sont là proprement ces yeux scandaleux
qu'il faut s'aracher; ce
sont ces mains & ces pieds qu'on
doit se couper, suivant l'Evangile.
On peut bien se passer de telles
liqueurs, de tels alimens qui
ne sont que pour la delicatesse;
on peut bien vivre content, sans
telle & telle compagnie; sans ces
assemblées profanes; sans ces divertissemens
de theatre, qui ne
sont bons qu'à faire du cœur humain
le theatre invisible, mais
réel de toutes les passions. Si l'on
se trouve donc blessé, comme
effectivement on ne l'est que trop
souvent, de tous ces objets : c'est
qu'on le veut bien.

VI.

A l'égard des autres corps dont
nous ne pouvons absolument éluder
l'impression; comme l'air, les

brouillards, les pluïes, le froid, le chaud ; ces épanchemens imperceptibles de matieres subtiles, qui causent tant de revolutions & de maladies ; tous ces divers mouvemens des corps environnans, qui en remuant nôtre imagination, ébranlent nôtre cœur, par contre-coup ; le parti qu'il y a à prendre, est de travailler à s'afermir contre ces mouvemens, par un genre de vie un peu dur & severe. Une vie molle & delicate rend d'une extrême sensibilité pour les plus foibles impressions des corps. Les moindres alors sont capables de troubler l'esprit dans ses fonctions, & de toucher le cœur : au lieu qu'une vie de travail & d'exercice émousse la pointe des sens, & affoiblit leur vivacité. Un corps acoûtumé à se traiter un peu durement, s'endurcit imperceptiblement à l'action des autres corps. Ses fibres devenuës plus fermes & plus solides sont moins *3 part.* susceptibles de l'ébranlement de *sect. 3.* ces corps ; & par conséquent le contre-coup qui s'en porte dans l'esprit & dans le cœur, est bien moins violent, bien moins en état de partager l'un & l'autre.

VII.

Aussi a-t-on toûjours vû que tous ceux qui ont fait quelque profession ou d'acquerir la vertu, ou de chercher la verité, ont assez negligé les aises de la vie, ont eu peu de soin de leur corps, & ont vécu assez durement.

VIII.

Que si on a eu le malheur d'estre élevé trop delicatement ; & que l'on ait un corps d'une constitution à estre susceptible des moindres impressions des corps étrangers ; je ne say plus qu'un moyen pour se preserver, ou du moins pour se mettre un peu à couvert des sentimens desagreables qui en pouroient revenir. Il faut faire diversion par la contemplation & l'amour de la verité. L'esprit étant fini, & chaque pensée le partageant ; il arive souvent qu'une pensée en bannit une autre : ou du moins elle l'afoiblit. On peut donc par une aplication serieuse à la verité, je ne dis pas bannir absolument tout sentiment desagreable ; (Il y a des douleurs d'une vivacité à resister aux plus grands efforts de contemplation naturelle.) Mais du moins éclipser les moderés, & affoiblir les plus violens. Un grand plaisir & un fort amour effacent aisément un plaisir & un amour moderé, & balancent du moins beaucoup un grand plaisir & un grand amour. Or la contemplation de la verité est capable & d'exciter de grands plaisirs, & de donner beaucoup d'amour. J'ay connu une personne qui dans la découverte des verités purement naturelles se sentoit agitée

de plaisirs si vifs, que ne se trou- 3.part.
vant pas assez de force pour les sect.3.
soutenir long-tems; elle étoit
obligée de discontinuer son aplication, comme pour prendre ha-
leine, & renouveller ses forces,
dans ces intervales.

IX.

Je say bien que les ames em-
prisonnées dans un corps de la
delicatesse que je viens de repre-
senter, ont de grands obstacles à
la contemplation de la verité : &
que les sentimens si vifs & si fre-
quens dont elles sont agitées y
mettent beaucoup d'opposition :
mais enfin leurs agitations ne sont
pas continuelles. Elles doivent
donc profiter des momens de calme & de tranquilité, pour faire connoissance avec la verité,
& pour lui faire leur cour. Leur
assiduité à la chercher & à fraper à
sa porte, leur en facilitera l'ouverture; peut-être même cette verité
fera-t-elle une partie du chemin; &

dés qu'ils auront esté assez hureux pour en obtenir quelques faveurs; ils sentiront pour elle une atache qui balancera facilement leur esclavage pour les objets sensibles. Il est vrai qu'ils ne détruiront cet esclavage qu'en devenant esclaves de la verité. Mais, mon Dieu! que cet esclavage est libre! & qu'il rend une ame superieure à tout ce qui est créé!

X.

Icy je ne doute pas que ceux qui n'ont jamais fait nulle épreuve de ces choses, ne les regardent comme de beaux rêves, & ne soient fort tentés de s'en divertir. Mais à toutes leurs railleries, les ames qui en ont fait une hureuse experience, n'auroient pour toute réponse que cette excellente parole de Saint Augustin, sur un sujet pareil: *Rideat me ista dicentem qui hæc non videt; & ego doleam ridentem me.* Que ceux qui n'ont nulle connoissance des choses *que j'avance, se rient de moy: pour* 3. part. *moy je n'auray que de la compassion* sect. 3. *pour les rieurs.*

XI.

Aprez tout, quelques inévitables & quelques continuelles que soient les douleurs & les peines de cette vie, on peut, avec le tems, se les rendre moins insuportables, sur tout lors qu'on les reçoit dans des vûës Chrétiennes; & qu'on s'en fait un negoce pour une vie plus hureuse.

XII.

Enfin pour ce qui regarde les illusions qui nous reviennent des impressions des corps étrangers; le moyen le plus seur de s'en affranchir, est d'observer & d'étudier ces impressions, & de s'acoûtumer à discerner la part qu'elles ont à nôtre conduite; & à démêler ce que nos actions tiennent des ébranlemens de la machine, d'avec ce qu'elles tiennent de nôtre raison, de nôtre liberté, &

même de la grace, si cela se peut.

XIII.

Cette étude fait la plus considerable partie de la connoissance de soi-même. Et je ne dirai rien de trop, en avançant qu'elle est peut-être de toutes les études la plus importante & la plus convenable non seulement à un Chrétien, mais même à un homme raisonnable : puis qu'il ne faut qu'être raisonnable pour vouloir se mettre en état de se conduire soi-même, pour renoncer à se laisser emporter aux mouvemens d'une pure machine; ou enfin, dans la necessité d'estre conduit, pour ne s'abandonner qu'à la conduite d'une intelligence infinie.

QUATRIE'ME PARTIE.

Du cœur humain consideré en lui-même.

I.

E cœur de l'homme n'avoit esté fait que pour se porter à Dieu, & pour tendre vers cet Estre souverain, comme à l'hureux terme & à l'unique centre de tous ses mouvemens. Le precepte de l'amour de Dieu fut écrit, dés le commencement, dans le fond de son estre de la main même de son divin Auteur; & ne fut qu'une suite du dessein de Dieu sur lui; &, pour ainsi dire, du tour qu'il lui donna dans sa creation.

II.

Telle fut la situation de ce cœur dans le premier état. Mais Dieu lui ayant laissé la liberté d'y demeurer, s'il vouloit ; ce cœur si bien tourné n'usa de cette liberté que pour se precipiter & se détourner de Dieu : & depuis cela, ce cœur qui auparavant n'étoit qu'amour de Dieu, ne devint, en un moment, qu'amour propre; & n'aima plus, abandonné à lui-même, que ce qui a raport à lui. C'est là proprement la grande source de l'irregularité de tous ses mouvemens, & ce qui fait le déréglement de ses inclinations.

III.

Il faudroit s'être peu étudié, pour ne pas voir que c'est à ce malhureux pere que tous nos vices doivent leur naissance, leur progrez & leur durée ; & que, suivant qu'il le juge utile à ses interets, il excite, il arête, il suspend, ou fait même mourir les

uns ou les autres de ces mauvais 4 part.
enfans ; de forte neanmoins qu'il
lui en faut toûjours un certain
nombre, & que s'il en étoufe
quelques-uns, ce n'eſt que pour
donner aux autres plus de vivacité & de vigueur.

IV.

Il eſt vrai cependant qu'il y en
a trois ou quatre dont il ne peut
preſque jamais ſe défaire abſolu-
ment : parce qu'ils ſont comme
les Generaux dont il ſe ſert pour
étendre & établir ſon regne ; ſa-
voir, 1. l'amour du plaiſir, ou du
bonheur ; 2. l'amour de l'eſtime,
ou de la gloire ; 3. l'amour de l'o-
pulence, ou des richeſſes ; 4. l'a-
mour de la grandeur, ou de l'élevation.

V.

Ces inclinations qui jointes à
l'amour de ſoi-même, dont elles
naiſſent, font comme le fond du
cœur humain, ſont bonnes & legitimes, ou du moins indifferen-

tes d'elles-mêmes, & dans l'institution de la nature : Mais le peché ayant empoisonné cette source & corompu l'amour de nous-mêmes ; il a aussi déréglé ces inclinations, & les a transformées en autant de vices, en les changeant en passions : parce qu'elles sont devenuës, par là, seditieuses & sujettes à se soulever contre la raison : & ainsi l'amour déréglé ou passionné de l'estime est un vice qu'on apelle *orgueil*. L'amour passionné du plaisir est le vice de la *volupté*. L'amour outré de l'opulence est le vice de l'*avarice*. L'amour demesuré de la grandeur est le vice de l'*ambition*.

VI.

Comme c'est à ces quatre inclinations, & à l'amour propre qui est leur pere, que peuvent se reduire tous nos vices & toutes nos passions: c'est aussi à ces cinq chefs que nous nous retrancherons dans la découverte du cœur humain pris en lui-même; & encore ne doit-on pas s'atendre que nous nous arétions à faire de magnifiques portraits, ou de vives descriptions de ces vices capitaux; ni que nous insistions beaucoup à en faire voir l'énormité, le desordre, ou les mauvaises suites. Tout cela a déja esté executé plus d'une fois, par d'habiles mains; & ainsi nos recherches sur cela, se termineront à découvrir, par diverses reflexions, les diverses illusions que ces vices ou ces inclinations déréglées font à nôtre cœur: ou celles que nôtre cœur fait à nôtre esprit, par l'entremise de ces vices.

VII.

Je say bien qu'il n'est pas possible de considerer ces inclinations dans cet état de déréglement, sans les regarder avec quelque raport ou à la justice immuable, ou au corps humain: car ce n'est qu'à cause du mouvement du

286 Du cœur humain

4 part. sang & des esprits, qu'elles deviennent des émotions sensibles : & le cœur de l'homme a de si étroites relations avec Dieu & avec son corps, qu'il est comme impossible de l'en détacher absolument, même par la pensée : mais icy nôtre atention ne se portera directement qu'à découvrir les illusions que ces inclinations nous font; & ne regardera qu'indirectement les relations qu'elles ont avec la justice & avec le corps. Nous alons donc commencer par quelques reflexions generales sur les principales sources de ces illusions ; & puis nous entrerons dans le détail.

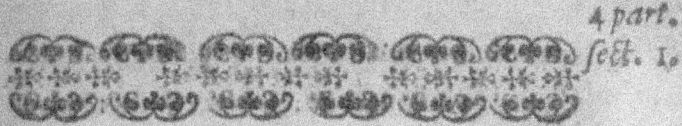
4 part.
sect. I.

SECTION I.

Reflexions sur les principales sources des illusions que les passions font au cœur humain.

CEs sources principales d'illusions ne sont elles-mêmes que des illusions capitales que les passions font à nôtre cœur. J'en trouve cinq ou six.

1°. Elles ne lui laissent voir leurs objets, que par leurs beaux endroits, & par ce qu'ils ont de specieux & de legitime.

2°. Si le legitime ne s'y trouve pas ; elles y répandent d'agreables & de seduisantes couleurs.

3°. Elles nous portent à atribuer à leurs objets les sentimens dont nous sommes frapés à leur presence.

288 Du Coeur humain

4.part. sect.1.

4º. Elles nous portent à croire que les mêmes objets doivent exciter les mêmes passions dans le cœur de tous les hommes.

5º. Elles ne nous plaisent qu'autant qu'elles nous ménent à leur objet.

6º. Elles nous representent comme possibles les objets les plus impossibles.

Touchons legerement quelque chose de ces sources.

CHAPITRE

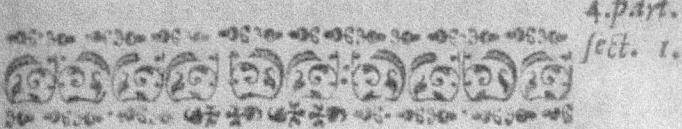

CHAPITRE I.

Que les passions ne nous laissent voir leurs objets que par leurs beaux endroits, & par ce qu'ils ont de specieux & de legitime.

I.

ON ne seduit jamais mieux un aveugle, qu'en le flatant de le mener où il veut aler. C'est ce que les passions font merveilleusement bien à l'égard du cœur humain. Il a un merveilleux penchant pour leurs objets. Mais il ne voudroit pourtant pas s'y porter, s'il les croyoit illegitimes. Que font les passions ? elles ne lui laissent voir ces objets, que par les beaux endroits, & par ce qu'ils

à part.
ject.
ont de legitime; & sur cela, il ne craint pas de s'embarquer sous leur conduite.

II.

Ainsi l'ambition dans un homme qui a encore quelque conscience, ne lui laissera voir dans les premieres Charges de l'Etat ou de l'Eglise, que les moyens & la facilité de se rendre utile à l'un & à l'autre: & dans cette vûë séduisante, que ne fait-on pas pour se pousser? On cherche, on se presente, on frape, on demande sans scrupule: On s'efforce, on grimpe, on s'éleve par toutes sortes de voyes. Mais voulez-vous voir vôtre illusion, & que ce n'est nullement l'utilité de l'Eglise qui vous agite? Vous aviez dabord été placé dans une terre en friche, dont les plantes n'avoient presque nulle culture, & où les hommes vivent dans d'épaisses tenebres, & dans une ignorance grossiere des choses de la Religion. Il y avoit donc beaucoup de fruit à faire en ce païs : mais c'est une Province éloignée de la Cour ; & le revenu de ce poste est trez-mince. On vous en offre un autre où il y a bien moins à travailler : mais le revenu en est beaucoup plus gros ; & avec cela il vous raproche de la Capitale du Royaume. Il n'en faut pas davantage : vous n'hezitez pas à rompre avec vôtre premiere Epouse, pour vous lier à celle-cy. De bonne foy, est-ce l'utilité de l'Eglise, ou la vôtre que vous cherchez ?

III.

Ainsi la volupté & la molesse ne laisseront voir à une ame voluptueuse que la simple conservation d'une vie que l'on n'a qu'en dépos. Et dans cette vûë que ne se permet-on pas, que ne se pardonne-t-on pas ? On se permet les plus grandes delicatesses, les plus étudiés rafinemens de ragoûts & de divertissemens : on se donne liberalement toutes les douceurs de la vie : on prend toutes ses aises : on se pardonne les Bals, la Comédie, l'*Opera*, l'inobservation des Festes, & le violement le plus criminel des jeûnes de l'Eglise ; & tout cela pour la conservation d'une santé qui devoit estre sacrifiée à la penitence. Quelle plus étrange illusion !

IV.

Ainsi l'amour du luxe & de la magnificence dans un Ecclesiastique, ne lui laissera voir que l'avantage de se donner du relief & de l'autorité, & d'inspirer, par là, aux peuples, le respect & la soumission. Et dans cette vûë si delicate quels équipages ne se donnera-t-il pas ? quels apartemens, quels ameublemens, quel cortege ? Comme si les Apôtres, & les hommes Apostoliques qu'on a vû de nos jours marcher sur leurs traces, avoient eu besoin de ces secours étrangers pour s'atirer le respect, la soumission & la confiance des peuples ?

V.

Ainsi l'avarice ne laisse voir à un cœur avare que des incendies de maisons, que des pillages de gens de guerre, que des années de sterilité & de famine, que des renversemens de fortune, & que d'autres évenemens imaginaires. Et dans ces vûës terribles, ou ces terreurs paniques, que ne fait-on pas pour amasser & pour s'enrichir ? On n'épargne ni l'artifice, ni la fraude, ni la violence, pendant qu'on plaint les aumônes & les plus petits secours au prochain. On met en usage les contracts usuraires & simoniaques ; on vent enfin bien cherement jusques dans les lieux les plus consacrés, la permission d'y faire vœu de pauvreté ; & des Vierges qui ont courageusement vaincu le

294 DU COEUR HUMAIN

4. part. sect. 1.

demon de l'impureté, se laissent lâchement vaincre à celui de l'avarice : d'autant plus insensées, dit un Pere, & moins excusables en cela, qu'elles perdent contre un trez-foible ennemi & dans un leger combat toute la gloire & tout le merite qu'elles s'étoient acquis en resistant aux efforts d'un ennemi beaucoup plus redoutable.*

* *Majori certamine superato, in faciliore totum perdunt.* S. Chrysostom. hom. 79. in Matth.

4 part.
sect. 1.

CHAPITRE II.

Commerce d'illusions & d'injustices entre les passions ; & qu'elles répandent sur leurs objets d'agreables ou de desagreables couleurs, suivant leurs interêts.

I.

SI ce que le cœur desire ne se trouve pas réellement dans les objets des passions, elles ont soin d'y répandre d'agreables couleurs, dont l'éclat seducteur portant l'esprit à juger favorablement de ces objets, le fait ainsi tomber en mille égaremens à l'égard de la verité, & à l'égard du bien.

II.

4.part.
sect. 1.

L'amour fait des objets auxquels il s'atache, les plus beaux portraits du monde : fussent-ils parfaitement defigurés, il y répand à pleines mains les graces & les bonnes qualités. Dans les personnes les plus disgraciées il trouve infiniment d'esprit & de sagesse, toute la probité & la fidelité, toute la generosité, & tout le merite possibles. Les traces de ces objets & de ces personnes sont tellement jointes, dans le cerveau, aux traces de toutes ces bonnes qualités, que les idées des uns ne se presentent plus à l'esprit, sans les idées des autres. L'imagination ainsi corompuë fait effort pour corompre la raison, en faveur de la passion, & porte effectivement celle-là à juger de ces objets, non pas selon ce qu'ils sont en eux-mêmes : mais selon ce qu'ils paroissent à la passion.

III.

Ainsi l'on voit tous les jours des gens d'esprit vous dire bien serieusement qu'ils trouvent infiniment estimables & pleins de merite des sujets où le reste des hommes ne trouve rien que de mince, que de petit, que de méprisable ; & l'on ne doit pas croire que ce soit par esprit de contradiction que ces gens parlent un langage si different du reste des hommes : ils disent ce qu'ils pensent : & ils ne pensent, sur ces sujets, autrement que les autres, que parce qu'ils les regardent par d'autres lunettes. Leur amour, leur passion est une lunette agreablement colorée, qui répand sa couleur sur ces objets ; & tout le genre humain en jugeroit comme eux, s'il les regardoit par la même lunette, & au travers de la même passion.

IV.

Mais si la passion d'amour se

trouve fondée sur quelque merite effectif ; elle passe quelquefois jusques à la veneration : & alors tout paroit venerable dans la personne qui a ce merite. Si c'est un Auteur qui ait réussi sur quelque sujet ; on s'enteste de tous ses sentimens : on les reçoit sans examen : on lui atribuë l'infaillibilité ; & s'il a de la reputation, on se fait honneur de se dire son disciple : on se range sous ses enseignes : on combat pour sa défense ; & l'on n'oublie rien pour lui faire des sectateurs : ou plûtôt des adorateurs : enfin l'on passe jusqu'à regarder comme faux & comme insoutenable, tout ce qui s'écarte de ses pensées. J'ay connu un homme d'esprit, qui s'étant long-tems gendarmé contre certains sentimens, parce qu'un Auteur de merite & pour qui il avoit de la veneration, les avoit combattus ; en a enfin reconnu la solidité & la verité, lorsque la passion lui a permis de les examiner, & s'est mocqué de lui-même.

4.part. sect. 1.

V.

La haine fait, à proportion, un effet tout contraire. Et s'il arive (comme on le voit quelquefois) qu'on vienne à haïr le même objet qu'on avoit aimé ; il n'en faut pas davantage pour le defigurer de maniere à le faire passer, en un instant, de l'excez du merite au dernier avilissement. Mais ce n'est pas assez que de le trouver sans merite, cela ne donneroit que de la pitié : Il faut pour justifier sa haine, lui trouver encore les plus mauvaises qualités. Et ainsi, par une surprenante metamorphose, il se trouve que cet homme du merite duquel on étourdissoit tout le monde ; cet homme le plus plein d'honneur & de probité, de droiture & de pieté, de lumiere & de sagesse ; cet homme enfin le plus honnête

& le plus poli de tous les hommes, est devenu, en un instant, le plus petit esprit, le plus entesté, le plus chicaneur, le plus fourbe, le plus emporté, le plus brutal, le plus mal-honnête de tous les humains. Bon Dieu ! quel renversement pour ce pauvre homme ! qu'il se console neanmoins : le changement ne se trouve que dans l'imagination & le cœur de son ennemi : c'est sa haine qui l'y a ainsi defiguré : elle découvre des defauts où il n'y en a point : au lieu que la charité les couvre, s'il y en a.

VI.

Mais si le faux zéle se joint à la haine, jusques à quel excez ne pousseront-ils pas leurs illusions & leur violence ? Ce ne sera pas assez d'avoir fait de cet homme le plus mal-honnête homme du monde : il faudra en faire encore un scelerat, afin d'avoir un titre pecieux pour l'accabler. La

raison apellée au conseil, & 4.*part.*
seduite par le faux zéle, se fera *sect.*1.
une religion de le persecuter, &
un scrupule de lui permettre de
se justifier ; & enfin elle ne dou-
tera pas que ce ne soit rendre un
grand service à Dieu, que de
purger la societé humaine de cette prétenduë peste. Plût à Dieu
que ce ne fussent là que de vaines conjectures sur les effets de
ces passions, & qu'on ne vît pas
simplement un homme, ou quelques particuliers : mais qu'on ne
vît pas, dans tous les tems, de
saintes Communautés, des Corps
entiers outragés & opprimés par
la violence de ces passions !

VII.

Le faux zéle met le dernier
sceau à la haine, & la rend sans
mesure & sans remede : parce
que celle-cy se déchargeant sur
lui de toutes ses injustices & de
tous ses emportemens, elle croit
pouvoir, sur la foy de cet impo-

steur, se déchainer non seulement en conscience, mais même avec merite.

VIII.

Eh ! qu'il est aisé à un faux devot de prendre ce faux zéle, pour zéle de la justice, & un secret desir de vengeance, pour charité ! On ne veut pas, dit-on, se venger : mais on veut procurer à son ennemi une confusion salutaire : on veut rétablir, par la punition, l'ordre renversé par la faute. Enfin on ne manque point de motifs specieux propres à colorer le plaisir secret qu'on trouve dans la vengeance. Quel trouble pour ce devot, si dans de si agreables conjonctures, Dieu venoit à lui marquer qu'il le décharge de ses interets !

IX.

Les passions les plus éclatantes dans le reste des hommes, sont plus sourdes dans les faux devots : mais en recompense elles y sont bien plus indomtables. L'art que leur amour propre s'est fait de les consacrer, ne leur permet pas même de douter si elles sont legitimes : on conte qu'en les suivant, on se fait un merite auprez de Dieu.

X.

Comme le faux zéle met le dernier sceau à la haine, la petitesse d'esprit met la derniere main au faux zéle, & rend ses seductions aussi irremediables, que celles de la haine. Pour revenir de la haine, il faudroit la connoître aussi horrible qu'elle est : & le faux zéle la cache. Pour revenir du faux zéle, il faudroit pouvoir regarder, en même tems, les objets par plusieurs côtez ; & la petitesse d'esprit les cache, ou plûtôt ne permet pas de les découvrir, ni de les comparer.

XI.

Enfin c'est encore par la même raison que le faux zéle & la petitesse d'esprit mettent le dernier sceau à l'entestement & à l'opiniâtreté, & rendent irrevocables les partis que la haine a pris. Ne demandez donc pas pourquoy les heretiques sont si aheurtés & si opiniâtres. Leur faux zéle se trouve d'ordinaire joint à la haine & à la petitesse d'esprit.

XII.

Que cela fait bien voir (pour le dire en passant) combien on se trompe sur le fait de l'opiniâtreté! & celui qui dit *oui*, & celui qui dit *non*; celui qui juge juste, & celui qui juge faux, s'en accusent également. Et en effet, celui qui juge juste, ne doit pas estre moins arêté à son sentiment, que celui qui juge faux : mais la difference est, que c'est la vûë claire de la verité qui fixe celui qui juge juste : au lieu que ce n'est qu'une fausse lueur, ou qu'un zéle trompeur qui arête celui qui juge faux. Dans l'un c'est l'esprit qui emporte le cœur, & dans l'autre c'est le cœur qui entraine l'esprit : & ainsi c'est fermeté dans l'un, & c'est opiniâtreté dans l'autre.

4. part.
sect. 1.

XIII.

Que de gens se font honneur de leur fermeté ou de leur immobilité dans certains sentimens, qui n'en sont redevables qu'à leur petitesse d'esprit ! & qu'il s'en trouve encore qui se font une religion & un merite d'avoir flétri, ruiné, opprimé certaines personnes ; & qui n'ont, en tout cela, signalé que leur haine, ou leur envie : car c'est encore une des passions les plus emportées, & qui sait mieux se déguiser dans ses emportemens, & répandre avec plus de profusion sa malignité sur les objets auxquels elle s'atache.

XIV.

Cette passion a quelque chose de si honteux & de si bas, qu'elle se cache non seulement aux autres, mais aussi à ceux même qu'elle possede. Elle passera volontiers pour ambition, pour haine, pour vengeance : mais elle ne veut jamais passer pour ce qu'elle est ; & si elle manque de couleurs honorables pour se couvrir : elle aimera mieux prendre les livrées de la malignité, ou de la cruauté, que de se laisser voir au naturel. Etrange maladie, que celle qui ne veut point se laisser voir !

XV.

Qu'a-t-elle donc de si honteux ? Le voicy. C'est qu'elle se trouve incommodée du merite d'autruy. Son but est de le détruire, ou du moins de le flétrir & de s'en défaire. Eh ! que ne fait-elle point pour cela ? Si elle 4. part. n'ose mettre la violence en usage; sect. 1. elle y emploira les honneurs, les charges, & les presens, pourvû qu'ils servent à écarter & mettre hors de portée, à son égard, ceux qui lui paroissent coupables de trop de merite ; & ainsi cruellement charitable, elle trouve l'art, par de perfides bienfaits & des dignités meurtrieres, d'exiler un merite qui l'incommoderoit de prez ; & elle fait même se faire un honneur de ce lâche procedé, & un vrai merite de la proscription du merite.

XVI.

Il est cependant remarquable que ce n'est pas simplement le merite qui l'incommode & qui l'irrite : c'est le merite connu. Un merite obscur & inconnu, ou du moins qui ne seroit connu que de Dieu, ne l'incommoderoit point. Elle verroit sans chagrin les plus rares qualités & la plus haute perfection, si elle pouvoit s'assurer qu'elles ne vinssent jamais à la connoissance des hommes. Elle sait bien que Dieu les connoit : mais la connoissance que Dieu en a, ne l'inquiete point. Eh! d'où vient que le merite d'autruy, s'il n'est connu que de Dieu, ne nous incommode point : & qu'il nous chagrine tant dés qu'il est connu des hommes ; si ce n'est que nous sommes bien moins sensibles à l'estime de Dieu, qu'à celle des hommes ? Et cependant, ô aveuglement! ce ne devroit estre que pour l'estime de Dieu, que pour les faveurs & les dons d'un Dieu, qu'il faudroit avoir de l'ardeur & de l'émulation. *Æmulamini carismata meliora.*

CHAPITRE III.

Que les passions nous portent à atribuer à leurs objets les mêmes sentimens dont nous sommes frapés à leur presence.

I.

CEtte source d'illusions que nos passions fournissent, est assez semblable à celle des seductions que nous recevons des sens. Comme les objets des sens nous paroissent renfermer les sensations qui s'excitent en nous à leur presence ; les objets de nos passions, sur tout s'ils sont animés, nous paroissent pleins des dispositions qu'ils excitent dans nôtre cœur ; & ainsi on ne doute presque pas qu'on ne soit aimé,

a. part.
sect. I.
ou haï, plaint, ou envié de ceux que l'on aime, ou que l'on hait avec passion, que l'on plaint, ou qu'on envie : on ne doute pas qu'ils n'ayent dans le cœur la douceur ou l'aigreur, la tendresse ou l'indifference, la complaisance ou l'indignation, le gout ou le dégout qu'on ressent pour eux.

II.

Combien sur ce faux préjugé a-t-on vû de gens devenir les dupes de leur amour, & faire bassement des avances dont on ne leur a tenu nul conte, & dont ils n'ont esté payés, que par le ridicule qu'ils se sont attirés ? & combien encore en voit-on devenir justement les victimes de leur haine, vivre dans des défiances & des inquietudes mortelles : nourir mille préventions ridicules, ne se repaître que de vains ombrages, & d'injustes soupçons : estre perpetuellement en garde

contre des gens qui ne penſent 4 part.
pas à eux, ou qui n'ont que des ſect. 1.
diſpoſitions à leur rendre ſervice:
& perdre miſerablement, ſur tout
cela, le ſommeil & le repos?
Que c'eſt bien à l'égard de ces
perſonnes que ſe verifie ce beau
mot de Saint Auguſtin: *Oüi, Seigneur, cela eſt ainſi, & vous l'avez juſtement ordonné, que tout eſprit vicieux eſt à lui-même, l'artiſan de ſon ſuplice*: *Ita eſt, Domine, & juſſiſti ut ſua ſibi pœna fit omnis inordinatus animus.*

III.

C'eſt ſur cette illuſion que les
paſſions les plus déraiſonnables &
les moins fondées trouvent le
moyen de ſe juſtifier à nos yeux,
& de nous paroître pleines de raiſon & d'équité. Rien ne nous paroit plus mépriſable, que qui nous
mépriſe: rien plus haïſſable, que
qui nous hait. Or dés que nous
haïſſons quelqu'un, nous ne doutons pas qu'il ne nous haïſſe; dés

que nous le méprisons, nous jugerions que nous en sommes méprisés. Car il n'est pas possible de mépriser ceux dont on sait qu'on est estimé. L'estime qu'on a pour nous, est à nôtre égard, un titre de merite auquel on ne peut resister, ni refuser une estime reciproque. On croit les gens estimables, quelque mince que soit leur merite, dés qu'ils savent nous estimer. Nous repandons donc nôtre malignité sur les objets à qui nous voulons du mal, pour pouvoir leur en faire avec quelque couleur.

IV.

C'est encore de là qu'un homme chagrin répand son chagrin sur les objets les plus agreables, les plus aimables & les plus estimables. Il n'en parle qu'avec mépris, & les croit coupables de defauts qui ne sont que dans son humeur. Au contraire, s'il est de belle humeur, tout lui plait : il estime tout, il aprouve tout, jusques au vice.

CHAPITRE

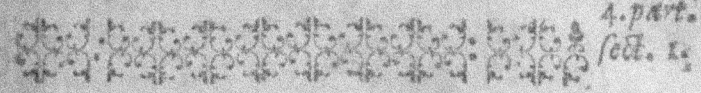
4. part.
sect. 1.

CHAPITRE IV.

Que les passions nous portent à croire que tous les hommes doivent estre également touchés de leurs objets.

I.

C'Est icy une des plus fecondes sources des illusions des passions. Elles nous font croire que leurs objets sont tels qu'ils doivent les faire naître dans le cœur de tous les hommes ; & qu'ainsi les mêmes objets doivent exciter les mêmes passions. C'est par là qu'un homme passionné pour la chasse, ne doute point que tous les hommes ne doivent estre frapés de la même passion. Un autre charmé de la Musique, s'imagine que tout le monde en est enchanté. Celui qui aime le jeu ou la danſe, s'étonne comment on peut vivre ſans joüer ou danſer. Il n'y a pas juſqu'aux amateurs de la fumée du tabac, qui ne comprennent pas qu'on puiſſe reſiſter au plaiſir de fumer. Enfin celui qui ſe ſent épris d'amour pour un objet profane, s'imagine avoir autant de rivaux que cet objet a de ſpectateurs. Eh! Dieu, quelles nouvelles paſſions ce préjugé n'excite-t-il pas ? Que de jalouſies, que d'ombrages, que d'inquietudes, que d'averſions, que de ſoupçons, que de deſſeins violens, que d'executions ſanglantes, que de ſcenes tragiques, leſquelles n'ont d'autre fondement que cette imagination en l'air, que les mêmes objets doivent exciter les mêmes paſſions?

II.

Rien cependant n'eſt plus ordinaire, que de ſe méconter dans ces jugemens. Il y a des gens qui ſeront tout de feu pour certains objets pour lesquels les autres ne font que de glace. Il y en a qui se sentent réellement tout ébranlez par des concerts qui endorment les autres. Et tel a cru regaler parfaitement ses amis par de pretendus divertissemens qui les ont desolés.

III.

La raison de ce méconte est, que les objets n'agissent sur l'esprit, que par l'entremise du corps ; de sorte que la constitution du corps étant trez-differente en differens hommes ; il s'en faut bien que les mêmes objets ne produisent dans leur esprit & dans leur cœur les mêmes sentimens & les mêmes passions. La diversité des âges, des sexes, des conditions, des situations, des emplois, & de l'éducation mettent encore sur cela de trez-grandes differences.

IV.

4. part.
sect. 1.
Bien plus : Il est certain que le même cœur n'est pas toujours également touché du même objet. Le degré & la mesure de nos passions dépendent de l'abondance, de la solidité & de la force du mouvement des esprits : or il s'en faut bien que ces dispositions ne soient toûjours les mêmes en divers tems & divers âges dans une même personne. Aussi rien n'est plus ordinaire, que de voir des gens ne regarder qu'avec indifference des objets dont ils ont esté auparavant vivement remués ; & c'est ce qui fait qu'on se méconte si fort & si frequemment dans les plaisirs qu'on se promet des objets de ses passions. On a vû des gens qui aprez s'estre long-tems agreablement flatés de l'esperance d'en joüir, aprez en avoir recherché l'occasion avec empressement ; le moment venu, ils commençoient par bâiller, &

continuoient par s'ennuyer mortellement.

V.

Telle a recherché avec ardeur certains spectacles, qui n'y étoit pas plûtôt arivée, qu'elle demandoit s'ils finiroient bien-tôt, tant ils lui causoient d'ennui & de dégout. Et l'on en a vû qui ne ressentant rien de ce charme qu'ils s'étoient figuré à certaines festes : confus d'avoir esté ainsi les dupes de leur passion, & n'osant témoigner les premiers du dégout de ce qu'ils avoient recherché comme le souverain bonheur, demandoient à leurs camarades, d'un air qui marquoit assez leur chagrin : Avons-nous bien du plaisir ?

VI.

Que ces tristes experiences, que l'on fait mille fois dans la vie, devroient bien nous détromper des objets de nos passions, nous en faire voir le vuide, &

nous convaincre que le plaisir de ces passions ne dépend que du plus, ou du moins d'agitation dans le sang & dans les esprits : car ce n'est pas simplement à quelques genies d'un certain caractere, ou à quelques humeurs bizarres & inégales, que ces chagrinans mécontes arivent : L'on peut asurer que de tous ceux qui ont jamais esté touchés de passion pour quelque objet ; il n'en est point qui n'ayent esté plus ou moins trompés dans le plaisir qu'ils se promettoient de sa joüissance ; & qu'il y en a des milliers qui n'y ont trouvé qu'un dégout insuportable. C'est là le sort de presque toutes les passions : elles ne nous plaisent qu'autant qu'elles nous menent vers leur objet : c'est ce qui fait la cinquiéme source de leurs illusions.

CHAPITRE V.

Que les passions ne nous plaisent, qu'autant qu'elles nous ménent à leur objet.

I.

IL est étrange que les passions qui nous ménent à un objet, ne nous plaisant, que parce qu'elles nous font comme goûter par avance cet objet ; cessent de nous plaire, dés qu'elles nous y ont amené. Rien cependant n'est ni plus certain, ni plus éprouvé que cette verité. Les passions ne nous font sentir leur douceur, qu'autant qu'elles nous conduisent à leur objet : si-tôt qu'elles nous y ont rendu, elles déplaisent, ou plûtôt elles prennent congé de nous & nous abandonnent ; de sorte que comme cet objet n'a d'aimable que les couleurs trompeuses qu'elles y atachent, ces couleurs disparoissant dés que ces passions nous quitent; il ne lui reste plus que le vuide qui lui est naturel; & il n'a plus pour nous rien que de fade, que d'insipide, que de dégoutant.

1. part.
sect. 2.

II.

Que tous ceux qui se sont le plus aveuglément abandonné à leurs passions, nous disent icy ce qu'ils en pensent & ce qu'ils en ont éprouvé : qu'ils se levent, qu'ils parlent, & qu'ils me démentent, s'ils le peuvent. Vous ambitieux qui couriez avec tant de plaisir à cette Charge, à cette Dignité, à cette Couronne : presentement que vous y estes arivé, eu jouïssez-vous avec le plaisir dont vôtre passion vous flatoit en chemin. Helas! qu'il s'en faut bien! tout cela a perdu, pour vous, cet éclat flateur dont vôtre passion l'avoit environné; & ne

vous permet plus d'en sentir que
le poids qu'elle vous avoit caché.
Elle vous a quitté cette trompeuse passion : ou si elle revient encore : ce n'est que pour vous faire une nouvelle imposture, & vous mener à d'autres objets aussi peu capables de vous rendre hureux, que ceux que vous trouvez déja si insipides.

III.

Qu'on interroge de même les avares, les voluptueux, les vindicatifs, & tous les autres sectateurs de leurs passions : ou plûtôt qu'ils se questionnent eux-mêmes, qu'ils se sondent de bonne foy, & qu'ils voyent si aprez qu'ils sont parvenus aux objets de leurs passions, ils y trouvent l'agrément & le bonheur dont ces passions les avoient leurré : ou plûtôt, s'ils n'y trouvent pas le chagrin & l'ennui, la honte & l'inquietude, & quelquefois même

4.part. l'horreur & le dégout qu'ils n'y
ſ & 1. atendoient pas.

IV.

Mais quelles illusions ne se fait-on point pour se dissimuler ce dégout ? On s'en prend à soi-même : ce n'est la faute ni des objets, ni des passions. Les uns & les autres ont tout l'agrément possible : mais c'est qu'on ne s'y prend pas comme il faut pour gouter les objets & pour ménager les passions : on se persuade que c'est ce qui fait que celles-cy nous abandonnent dans le tems qu'elles nous seroient d'une plus grande utilité. Sur ce préjugé on prend de nouvelles mesures pour les mieux cultiver, & mieux savourer les objets. On se rembarque donc sur ces passions infidelles, dés qu'elles se presentent ; on croit retrouver la centiéme fois dans un objet, ce qui lui a manqué quatre-vingt-dix-neuf fois : on se flate de cette esperance : on vit de

desir : on se fait hureux en idée, *4.part.*
ne pouvant le devenir en effet ; & *sect. 1.*
la plus longue vie n'est qu'une circulation perpetuelle de méprises
& d'illusions sur les passions & sur
leurs objets ; jusqu'à ce qu'il plaise au Seigneur de faire connoître
à l'esprit humain l'infidelité des
unes & le vuide des autres, & de
faire gouter à son cœur l'unique
bien solide qui peut satisfaire tous
ses desirs, remplir sa capacité : le
rassasier, sans dégout : & lui faire
trouver une faim toûjours nouvelle dans la plenitude de tous les
biens.

CHAPITRE VI.

Que les passions nous representent comme possibles, & même comme faciles les choses les plus impossibles.

I.

CE n'est pas là la moindre source des illusions que les passions nous font. On ne voit que des gens qui ont esté pris à ce leurre. Ce ne seroit pas assez aux passions de nous faire regarder leurs objets par leurs beaux côtés : ce seroit peu d'y répandre les couleurs les plus engageantes, & d'y atacher mille faux brillans, si avec cela elles ne prenoient soin de nous les faire regarder comme possibles. C'est aussi à quoi elles reüssissent si bien ; que les objets les plus impossibles presentés de leur main, avec toutes leurs séduisantes parures, nous deviennent non seulement possibles, mais même trez-faciles à aquerir.

4. part.
sect. I.

II.

Il n'est gueres possible qu'un simple Soldat parvienne à estre Maréchal de France. Il y en a cependant des milliers que l'ambition a toute leur vie flatté de cette possibilité.

III.

Il n'est gueres plus possible qu'un simple Prêtre devienne Cardinal ou Pape: combien y en a-t-il cependant qui se flatent folement de cette vûë & de cette esperance?

IV.

De tous les objets specieux des passions, je n'en say point de plus absolument impossible, que ce qu'on apelle *la pierre philosophale*. Il ne faut pas estre fort éclairé dans la Physique, pour reconnoître que cet objet est le plus chimerique de tous ceux qu'une imagination égarée peut se proposer : que l'on n'a nulle idée distincte de ce que l'on cherche; nuls moyens d'execution, nulle ouverture, nuls principes pour y parvenir; & que la pretention de faire de l'or en tenant quelques années sur un feu moderé, ou violent, une bouteille pleine d'eau, ou de quelle autre liqueur on voudra; que cette pretention, dis-je, est à peu prez aussi raisonnable que celle par laquelle en tenant quelque tems des huitres à l'écaille dans la chaleur du fumier, ou sur la flamme d'une lampe, on pretendroit y trouver, à la fin, des perles orientales.

V.

Cependant l'avarice peint cette bien-hureuse pierre philosophale avec des couleurs si charmantes & si seduisantes, & la fait par là,

CONSIDERÉ EN LUI-MESME. 327
regarder comme si possible, que 4.*part.*
ce n'est même qu'à cet égard, *sect.* 1.
que l'avarice cesse d'estre avare,
& qu'elle devient prodigue. Elle
n'examine point s'il y a quelque
proportion entre les moyens qu'-
elle met en usage, & la fin qu'-
elle se propose. La seule idée
confuse d'une source inépuisable
d'or, l'éblouït de telle maniere,
qu'elle luy fait risquer aveuglément le peu qu'elle en a, pour
découvrir cette source. Plus l'imagination luy grossit l'objet de son
esperance, moins elle regrete le
peu qu'elle donne pour y parvenir ; & comme cet objet luy paroît tenir de l'infini, les plus grandes sommes dont elle se dépouille
n'estant que finies, elle les comte
pour rien en comparaison. Et ainsi
par une surprenante bizarerie,
l'avarice qui enrichit d'ordinaire
tous ses sectateurs, reduit à la
derniere gueuserie ceux qu'elle
fait donner dans cette chimere.

VI.

4.part.
sect. 1.

Mais ce n'est pas là l'unique illusion que l'avarice se fait à elle-même ; elle a plus d'un moyen de s'apauvrir à force de vouloir s'enrichir, plus d'un moyen de se séduire par l'esperance frivole d'objets qui n'ont que peu ou point de possibilité. Le jeu luy en fournit un bon nombre. Elle a oüi dire que tels & tels, gens d'une trez-mince fortune dans leurs commencemens, ont gagné des sommes immenses au jeu, & que par là ils sont devenus gros Seigneurs. Il n'en faut pas davantage ; l'avarice qui naturellement n'aime pas le jeu, flatée de la possibilité d'un pareil gain, y donne teste baissée ; elle commence par risquer quinze ou vingt Loüis, ensuite elle en perd cinquante, & puis cent. Icy elle hezite sur la possibilité de son objet, elle voudroit ne s'être pas embarquée, elle pense à se reti-

CONSIDERE' EN LUI-MESME. 329
rer : mais d'une part, touchée de 4.*part.*
sa perte, piquée de l'autre, du *sect. I.*
desir de la reparer ; & enfin toûjours flatée de cette idée confuse de ces gains immenses, en
comparaison desquels ce qu'elle
risque luy paroît un pur rien : elle
en vient quelquefois jusqu'à joüer
en vingt-quatre heures, argent,
terres, charges, meubles & équipages. Que c'est bien de ces sortes de passions qu'on peut justement dire qu'elles se séduisent
elles-mêmes ! *Mentita est iniquitas
sibi.*

SECTION II.

Réflexions particulieres sur les illusions de l'amour propre.

I.

ON ne pretend point parler icy de ces tromperies grossieres par lesquelles l'amour propre nous fait visiblement suivre le penchant déreglé de nos passions, préferer le tems à l'éternité, & quelques momens de plaisirs bas & honteux, à des siecles infinis de joyes pures & solides. Ces tromperies sont plûtôt un aveugle emportement & un déchaînement declaré, que des illusions de l'amour propre : on n'est point seduit, on sent & l'on voit bien que l'on se perd ; & l'on est assez stupide pour y donner les mains.

II.

On parle donc de ces sortes de tromperies, par lesquelles, quoiqu'on ne veüille pas absolument se perdre, ni renoncer ouvertement à son salut, & à servir Dieu, on ne cherche pourtant que soy, & l'on ne tend qu'à se plaire à soy-même, & à se satisfaire en toutes choses; en un mot, l'on ne cherche que ses propres interets sous les specieux pretextes de pieté, de religion, de gloire & de service de Dieu.

Ces illusions sont infinies: nous alons en toucher quelques-unes.

CHAPITRE I.

Que l'amour propre se cache sous les livrées de la charité & sous d'autres aparences trompeuses, pour aler à ses fins dans la pratique des devoirs de la vertu.

I.

LE plus ordinaire sujet des illusions de l'amour propre, est celuy des vertus. Comme celles-cy sont également propres à nous mener à Dieu & à l'estime des hommes; & que les plus justes ont dans le cœur deux principes trez-differens, & qui bien que fort opposés, sont neanmoins trez-propres à les mener à ces deux fins; il est trez-aisé qu'ils s'imaginent ne s'aquiter que pour Dieu, des devoirs des vertus,

[...]ont ils ne s'aquitent que pour [...]iver à l'estime des hommes : trez-[...]sé qu'ils croyent n'estre remués [...]ue par le principe de la charité, [...]endant qu'ils ne sont agités que [...]ar le principe de la cupidité & de [...]amour propre.

4.part. sect. 2.

II.

La raison de la facilité de cette [i]llusion est, que ces deux princi[p]es ne sont en nous que comme [d]es habitudes. Ces habitudes ne [p]ouroient donc se faire connoître [q]ue par les actes : mais les actes [e]xterieurs, ou les devoirs de la [v]ertu sont communs à la charité & à la cupidité : on ne peut donc les discerner par ces actes ; & ainsi il est trez-aisé qu'on prenne la cupidité pour la charité.

III.

On s'imaginera, sans doute, que pour faire ce discernement, il ne faut qu'observer les vûës dont l'esprit est alors occupé. J'avouë que ce sont ces vûës qui determinent notre amour, & qui d'habituel le rendent actuel : & cela arive, sur tout, lorsque ces vûës sont vives, sensibles & penetrantes. Et ainsi un homme aussi vivement penetré de la beauté de la Justice, qu'étoit Saint Augustin, peut bien s'écrier avec lui : *Que je vous ay aimé tard, ô beauté si ancienne & si nouvelle ! que je vous ay aimé tard !* Il peut bien encore, dans le mouvement de son transport, s'assurer avec le même Saint, qu'il aime Dieu actuellement : *Certâ conscientiâ amo te.* Mais lorsque ces idées ne sont pas si vives : il se peut fort bien faire que ce qui remuë actuellement le cœur, soit fort different de ce qu'on a distinctement dans l'esprit. Les idées qui remuent actuellement le cœur, ne sont pas toûjours ni les plus vives, ni les plus distinctes, ni les plus faciles à apercevoir. Ce ne sont souvent que certaines vûës som-

bres dont on ne s'aperçoit pres- 4.*part.*
que pas, & qui malgré leur obs- *sect.* 2.
curité, n'emportent nôtre cœur,
que parce qu'elles sont flateuses,
& plus conformes à sa corruption
naturelle.

IV.

Mais ce qui fait encore qu'on
ne s'en aperçoit pas, c'est qu'elles nous sont ordinaires, familieres, & presque continuelles ; &
que ce qui nous est ordinaire, familier & continuel nous devient
imperceptible. Un homme joue
de l'orgue : ses doigts ne se remuent en tant de manieres differentes, que parce qu'il le veut,
& que de la maniere qu'il le veut.
Il n'y a pas un de ces mouvemens
qui ne soit reglé & conduit par
de certaines vûës d'accords, d'harmonie, & de proportions : Mais
parce que ces vûës lui sont familieres, ordinaires & habituelles,
il s'en aperçoit si peu, que si vous
lui demandez, aprez qu'il aura

joüé, s'il les a euës: il ne fera pas de difficulté de vous répondre, qu'il n'y a seulement pas pensé. Et en effet, il y a des gens qui en sont si peu occupés, que pendant qu'ils joüent avec tout l'art possible, ils ont la liberté de s'entretenir de tout ce qu'on voudra, & des sujets même les plus abstraits.

V.

Il est infiniment plus aisé que l'on soit dans cette inadvertance à l'égard de ce qui se passe dans les actions qui naissent de la cupidité & de l'amour propre. Un Organiste ne joüe pas toûjours de l'orgue: mais il n'y a point d'homme qui ne s'aime toûjours. L'amour propre est un meuble dont on ne se défait jamais absolument. Cet amour est le mouvement, ou le battement du cœur spirituel ; & comme le cœur materiel dans un corps vivant, n'est jamais sans battre plus, ou moins : ainsi le

CONSIDERÉ EN LUI-MESME. 337
cœur spirituel n'est jamais sans 4.*part.*
quelque amour propre ; & comme *sect.* 2.
il n'y a point d'amour sans quelque vûë secrête d'un objet ; il est
vrai aussi que l'amour tend toûjours à quelque objet, soit le plaisir, ou l'interêt, ou l'estime des
hommes : Mais de même qu'on
ne sent pas le battement du cœur
materiel : parce qu'il est habituel,
& ordinaire ; par la même raison,
on s'aperçoit communément aussi
peu des mouvemens de l'amour
propre ; & moins encore des vûës
secrêtes qui le remuent.

VI.

Mais cette inadvertance est,
sur tout, immanquable lorsque
l'esprit est actuellement & distinctement occupé de quelques vûës
specieuses differentes de celles de
l'amour propre ; comme de l'idée
de la justice, de la verité, de la
sagesse, & autres semblables. Car
alors il est aisé que l'on prenne
pour l'objet auquel on tend veri-

Tome III.   P

4. part.
sect. 2.
tablement, celui dont l'esprit est plus fraichement occupé, & dont l'idée est la plus nette, la plus distincte, & la plus specieuse ; & qu'ainsi l'on se flate de n'aimer que la verité & la justice, pendant qu'on est miserablement entrainé vers un objet tout contraire par une vûë sombre & secrete, à laquelle on ne fait pas de reflexion.

VII.

Que de gens se flatent de n'être remués que par l'amour de la verité dans la défense de certains sentimens, qui n'y sont en effet portés que par un interet de corps, ou de parti ! La beauté & l'excellence de la verité est ce qui voltige sur la surface de leur esprit. Son idée y occupe la place la plus honorable : mais une vûë secrete ou de vanité, ou d'interet de fortune : en un mot, une vûë d'amour propre, est ce qui remuë réellement le cœur, & ce qui donne à ces personnes tous ces grands mouvemens.

VIII.

L'amour propre n'impose pas moins sous couleur de zéle pour la justice. L'on croit la plûpart du tems ne chercher que les interets de la justice & de l'ordre dans la punition de certains crimes ; l'esprit est tout occupé de la beauté de cet ordre, pendant que le cœur ne tend en effet, ou qu'à une secrête vengeance, ou qu'à un bas & sordide interêt.

XI.

Vous avez reçu une injure, ou un mauvais office de quelqu'un. Vos premiers mouvemens vous crient vengeance : mais la devotion, dont vous faites profession, vous l'interdit. Quel parti prendre ? cela est embarassant. Voicy un dénouëment de vôtre devot amour propre. Il vous fait entrevoir qu'il y auroit à vôtre ennemi une espéce d'avantage d'être humilié; & dans cette vûë il vous persuade aisément qu'il y auroit à vous de la charité à lui procurer cette humiliation. Vous prenez donc, à l'instant, ce parti; & vous vous flatez cependant que vous n'avez dessein que de lui estre utile. Mais rentrez dans vôtre cœur, & vous y verrez cachée, dans quelque coin, la vengeance, qui fait sourdement joüer toute cette scêne.

X.

La grande difference qu'il y a d'un faux devot à un libertin, n'est pas que le premier ne tende pas, aussi-bien que le second, aux fins de son amour propre : mais c'est que l'un y tend par les sentiers specieux de la pieté : au lieu que l'autre y va par le grand chemin du libertinage; l'un se cache sous le masque de la devotion : & l'autre marche demasqué & teste levée. L'un pour y parvenir feint d'y tourner le dos : &

l'autre y va de front. L'un couvre son jeu de tant de grimaces & de specieux prétextes ; qu'il se fait, dans l'esprit des hommes, un merite & une vertu d'aler à ses fins vicieuses ; & l'autre y va de si bonne foy, qu'il veut bien acheter son plaisir au prix de sa reputation. L'un enfin ajoûte à sa passion l'imposture sacrilege ; & l'autre se croiroit encore plus coupable de se cacher sous ces airs imposteurs, que de suivre le penchant de sa cupidité.

CHAPITRE II.

Que sous des couleurs séduisantes l'amour propre cache ses defauts, ses interets & ses fins, non seulement aux autres, mais à nous-mêmes.

I.

L'Amour propre prend soin de donner à nos defauts & à nos passions des dehors si specieux, & d'aler à ses fins par des chemins si couverts, sous des voiles si imposteurs, & des couleurs si seduisantes; que non seulement les autres en sont éblouis: mais aussi, que souvent nous y sommes les premiers pris; & que l'esprit est la dupe du cœur.

II.

Ainsi lors qu'un homme se voit privé des avantages de l'esprit, ou de la fortune ; le parti le plus ordinaire que son amour propre lui fait prendre, est de cacher ses defauts d'esprit sous un air de modestie & de retenuë ; & de se venger des disgraces de la fortune, par le mépris de ses dons & de ses faveurs.

III.

Que de gens ne se font honneur d'un silence grave & étudié, que parce qu'ils ne s'expliquent pas hureusement : ou que parce qu'ils sentent la foiblesse de leurs lumieres ? Encore cela vaut-il mieux que de hazarder, pour paroître habile, de parler de tout à perte de vûë.

IV.

Combien en voit-on qui n'affectent tant de mépris pour les sciences, que parce qu'ils se sentent trop peu d'ouverture d'esprit, & trop peu de penetration pour s'y distinguer! *La Metaphysique*, disent-ils, *est un grand galimatias.* Pauvres gens, de s'en prendre à ce qu'il y a de plus clair & de plus net dans les Sciences! Ils ne s'aperçoivent pas que le galimatias est dans leur esprit.

V.

Pourquoy pensez-vous que cet homme fait montre d'un si grand serieux, & d'une gravité si composée ? c'est que par ces misteres il trouve le double avantage de cacher les defauts de son esprit, & de se donner cependant le relief d'un homme de consequence.

IV.

Un illustre Auteur a crû que l'orgueil ne nous a esté donné, que pour nous épargner la douleur de connoître nos imperfections : mais il me paroit que c'est plûtôt pour nous les faire éviter; & qu'il est comme une espêce de preservatif contre les vices grossiers. Mais malhureusement il arive, qu'au lieu de nous en servir pour les bannir, nous n'en usons que pour les cacher.

4.*part.*
*sect.*2.

VII.

Qui ne croiroit à entendre N. parler contre l'ambition, qu'il en est parfaitement exemt? S'il en étoit bien net: on le trouveroit moins éloquent sur ce chapitre.

VIII.

Vous croyez estre fort à couvert de la simonie, parce que vous ne traitez pas en forme, & que vous n'offrez pas d'argent : mais rentrez dans vôtre cœur : contez-vous pour rien tous ces complimens, ces basses flateries, ces lâches déferences, ces injustes complaisances, tout cet encens que vous profanez? L'argent de vos lévres est-il moins precieux que celui de vôtre bourse; & est-ce un moindre crime d'acheter le don de Dieu au prix du menson-

P v

ge & de la flaterie, que de l'acheter à prix d'argent?

IX.

Il n'est rien dont l'homme se croye plus maître, que de sa propre conduite; & cependant il n'est presque rien dont il dispose moins. Il se laisse conduire à tout ce qui l'environne, sans le savoir. Ce n'est pas simplement Dieu & sa providence (car cela seroit dans les regles) c'est le hazard, ce sont les divers événemens, les diverses circonstances où il se trouve : c'est un valet, c'est sa machine qui le conduit : mais ce qui usurpe plus frequemment ce droit sur sa raison, c'est son cœur; & rien n'est plus vrai que ce qu'a dit, sur cela, un illustre Auteur ; que souvent pendant que l'homme, par son esprit, tend à un but, son cœur l'entraine insensiblement à un autre.

X.

Vous croyez ne tendre qu'à

Dieu en embrassant l'état Ecclesiastique : c'est ce qui nage, pour ainsi dire, sur la surface de vôtre esprit ; & vôtre cœur vous entraine imperceptiblement aux Charges honorables, aux Dignités, aux distinctions, aux commodités, aux aises de la vie ; & peut-être même aux plaisirs, au luxe, aux richesses.

XI.

Vous vous imaginez ne chercher qu'à plaire à Dieu par vos jeûnes, par vos veilles, par vos travaux, par vos austerités : sondez vôtre cœur : & peut-être trouverez-vous qu'il ne cherche que l'éclat & la gloire de vous distinguer non seulement du commun des fideles, & des gens du monde, mais même de ceux qui ont fait profession d'y renoncer.

XII.

Pendant qu'en une posture humiliée vous passez tous les jours de la vie, tant de tems en priere, vous vous flatez de n'avoir dessein que de devenir intérieur, spirituel, & homme d'oraison ; & peut-être, vôtre cœur ne tend-il qu'à paroître tel, & à s'en atirer l'estime.

XIII.

Séparée de tout le monde, aprez avoir foulé aux pieds ce qu'il a de plus brillant ; éloignée de tout commerce profane, enfoncée dans une afreuse solitude, enfermée dans une prison dont les murailles, en plusieurs endroits, sont de fer, & fraisées de pointes de même métail, pour les rendre plus inaccessibles ; vous ne comprenez pas que vous puissiez avoir un autre but que celui de devenir sainte ; mais ne vous y fiez pas trop : étudiez vôtre cœur ; & craignez que ce ne soit bien moins à la sainteté, qu'à l'éclat de la sainteté qu'il vous entraine.

XIV.

Dans ces éclatantes visites

d'Hôpitaux & de Prisons, dans 4. *part.*
ces pompeuses délivrances de cap- *sect.* 2.
tifs & de prisonniers, dans ces
publiques & magnifiques largesses
aux pauvres, qui ne croiroit avec
vous que vous ne songez qu'à
chercher le Royaume de Dieu ?
C'est la vûë dont vôtre esprit est
occupé : mais défiez-vous de vôtre
cœur. Il va sourdement à ses fins;
& ses fins sont d'ordinaire bien
differentes du Royaume de Dieu.
Souvenez-vous que ce Royaume
est au dedans de vous - même,
qu'il est tout interieur, que les
voyes les plus secretes & les plus
cachées, sont celles qui y ménent
plus seurement, que JESUS-
CHRIST nous enseigne à le
chercher, portes clauses, *clauso
ostio*, à cacher nos aumônes, nos
jeûnes, nos prieres, non seulement aux autres, mais à nous-
mêmes ; & à éviter si soigneusement la vanité & la complaisance,
que nôtre main gauche ne sache

pas le bien que fait notre main droite.

XV.

Vous vous imaginez avoir fait un acte heroïque d'humilité & de modestie, d'avoir refusé cet employ, cet honneur, cette dignité, ce poste honorable; & vous ne doutez pas que Dieu & les hommes ne vous fassent un grand merite de cette pretenduë victoire sur la vanité. Aparemment les hommes vous en tiendront comte; mais prenez garde que Dieu n'en juge bien autrement; qu'il ne voye dans le fond de vôtre cœur, que vous n'avez surmonté la vanité par un côté, que pour y succomber par l'autre. Prenez garde que la vûë des hommes, que leur approbation & leur estime ne vous soûtienne, que le desir de paroître superieur aux dignitez & aux honneurs que vous refusez, ne soit le vrai motif de vôtre refus; & qu'ainsi faisant

plus de cas de ces places honora- *1.part.*
bles que les hommes vous don- *sect. 2.*
nent dans leur esprit, que du
rang exterieur que vous occupe-
riez parmi eux ; vous n'ayez pas
tant fait un acte de vertu, qu'un
acte de la plus fine vanité.

XVI.

Un homme s'en vient de but
en blanc vous dire grossierement,
bassement, sans pudeur, que vous
étes l'homme du monde qui avez
le plus d'esprit, le plus de probité, le plus de merite. Vous
vous sentez choqué de ce compliment, vous rebutez cet homme, & lui imposez silence; & sur
cela vous vous flatez de haïr la
flaterie, & de n'aimer pas les
loüanges. Mais patience : quelques momens aprez, un honnête
homme s'en vient avec des tours
fins, des manieres ingenieuses &
delicates, d'un air respectueux &
poli, vous faire entendre, sans
presque oser vous le dire, qu'il

fait de vôtre esprit, de vôtre probité & de vôtre merite un cas infini ; & je vois que vous le recevez agreablement, que vous l'écoûtez avec plaisir, & que vous n'oubliez rien pour lui payer par d'autres douceurs aussi fines celles qu'il a trouvé l'art de si bien assaisonner. Tâtez donc icy vôtre cœur, voyez s'il ne s'aplaudit pas secretement de se voir si bien dans l'estime de cet homme, s'il ne luy fait pas le meilleur gré du monde de ses manieres polies, & concluez de la difference dont vous avez reçû ces deux complimens, que ce ne sont ni les loüanges, ni la flaterie, mais uniquement les manieres de loüer & de flater qui vous choquent.

XVII.

On ne connoît point son cœur jusqu'à certaines épreuves : Tel l'avoit toûjours crû droit, sincere, desinteressé, moderé, qui dans une assez petite affaire l'a pû trouver double, fourbe, interessé, emporté.

4. part. sect. 2.

XVIII.

Qu'il est à craindre que l'illusion que le cœur se fait sur les qualités naturelles, ne se glisse beaucoup plus subtilement sur les surnaturelles ; & qu'il ne se flate d'aimer Dieu de tout lui-même, pendant qu'il n'a pas même un commencement d'amour ! Atendez cœur double, atendez à juger de vôtre situation pour Dieu, qu'il vous ait mis à quelque épreuve. Tel avoit toûjours passé pour homme spirituel, interieur, mortifié, humble & pénitent, qui dans une assez petite épreuve, a perdu, en un seul jour, toutes ces qualités dans l'esprit de ceux qui ont été témoins de ce qui s'est passé. C'est ainsi que quelques momens de conduite naturelle suffisent pour découvrir l'hipocrisie de trente années de contrainte.

XIX.

Vous avez assez de raison pour estimer la vertu, & mépriser le vice : mais vous n'avez pas assez de droiture pour aimer l'une & haïr l'autre. Quel dénouëment trouve à cela la duplicité de vôtre cœur ? Le voicy. Il prend le parti de haïr l'éclat du vice qu'il aime ; & d'aimer les aparences de la vertu qu'il hait. Cœur double, encore une fois, que n'aimez-vous ce que vous estimez, & que ne haïssez-vous ce que vous méprisez : ou du moins cessez d'estimer la vertu que vous n'aimez pas : & de mépriser le vice que vous aimez.

XX.

Le cœur est bien plus double & plus caché que l'esprit ; sans une lumiere surnaturelle il n'est pas possible de bien connoître son cœur ; & cependant rien n'est plus ordinaire que de parler des bonnes qualités de son cœur, pendant qu'on n'ose rien dire de son esprit.

XXI.

Rien n'a plus l'air de la vertu, que la resistence aux grandes tentations ; & cependant que de motifs naturels & de raisons toutes humaines ont souvent de part à cette resistence ; & que ce qu'on apelle nôtre vertu, est d'ordinaire peu vertueux ;

XXII.

Est-il possible que la vertu soit si foible dans le cœur des hommes, qu'elle ait, à tous momens, besoin de la vanité, de la honte, de l'interêt, & des dispositions du temperament pour se soûtenir ? N'estre moderé que par humeur, officieux que par interêt, chaste que par honte, devot que par vanité : de bonne foy, est-ce vertu ? ou plûtôt n'est-ce pas vice sur vice ?

XXIII.

Je me défie d'une vertu expo-

4.part. sée à un trop grand nombre de
sect. 2. spectateurs. La moindre œillade
est capable de lui faire une playe
mortelle.

XXIV.

Voulez-vous vous rendre à
vous-même un témoignage peu
équivoque de vôtre vertu ? fuyez,
cachez-vous, rompez tout commerce, mettez entre vous & le
monde un mur éternel de séparation ; & puis voyez si vous éprouverez toûjours le même plaisir : ou
plûtôt si vous aurez toujours la
même fidelité dans les penibles
exercices de la vertu. Mais souvenez-vous, sur tout, qu'il n'y a
de vraye vertu, je veux dire de
vertu propre à nous conduire aux
vrais biens, que ce qui se fait par
le mouvement de l'amour de
Dieu.

CHAPITRE III.

Où l'on continuë à traiter des illusions de l'amour propre.

I.

IL est incroyable en combien de manieres l'amour propre nous seduit sous de specieuses aparences, & comme il sçait nous les faire prendre pour nos vrais & uniques motifs.

Qui pouroit se l'imaginer, que le cœur de l'homme fut si dissimulé & si caché? qu'on pût pleurer, sans savoir même le sujet de sa douleur? Rien cependant n'est plus ordinaire. A la mort de ses proches & de ses amis, on croit les pleurer; & on en jureroit; & cependant souvent on se pleure soi-même. On ne pleure que par amour propre. On ne déplore que la perte de

4.part. quelque plaisir, de quelque hon-
sect.2. neur, de quelque revenu, &
point du tout celle de leur merite; si ce n'est par l'honneur que
l'on en recevoit.

II.

On veut paroître inconsolable sur la mort de ses amis. Pourquoy ? Peut-être pour faire connoître combien on est bon ami &
digne d'être aimé; peut-être pour
faire montre d'une grande fermeté d'ame, dans ses atachemens.
Peut-être pour s'atirer la condoleance des autres. Peut-être pour
se couvrir du merite & de la gloire de ceux que l'on regrette, en
se faisant regarder comme ayant
avec eux d'étroites liaisons. Enfin, presque toûjours pour s'atirer de l'estime & de la consideration.

III.

Je n'aurois pas sçu qu'un tel a
l'honneur d'estre parent de l'illustre Monsieur N. si je ne l'a-

vois vû faire le dolent à la nouvelle de sa mort.

IV.

Que les larmes sont des signes équivoques de douleur ! elles sont aussi trompeuses lors qu'elles regardent Dieu, que lors qu'elles ont les hommes pour objet. Vous croyez N. bien touché ; parce qu'il ne peut vous parler ni de ses pechés, ni des devoirs de la Religion, sans répandre des larmes. Il y a une distance infinie de ses yeux à son cœur : ses mains en sont moins éloignées. J'apelle donc de ses yeux à ses mains ; & trouvant que celles-cy continuent de faire tout le mal que ceux-là pleurent ; je juge du cœur par les mains, & non pas par les yeux.

V.

Ne vous étonnez pas si N. qui vouloit estre inconsolable sur la mort de son ami, s'en est si-tôt consolée, c'est qu'elle lui a fait faire une Epitaphe, & que ne souhaitant que de faire éclater sa tendresse pour lui : elle a trouvé qu'il étoit & plus seur & plus commode de la signaler par une inscription, que par des larmes intarissables.

VI.

Les larmes, suivant l'institution de la nature, ne devroient estre qu'une suite necessaire des dispositions d'un cœur affligé. Et cependant que de gens se font un honneur & un merite de leurs larmes, qui ne pleurent, que parce qu'ils veulent pleurer : c'est-à-dire, que parce que leur temperament leur ayant donné, proche des yeux, deux éponges toûjours pleines d'eau, ils se font une habitude de les exprimer, quand bon leur semble ?

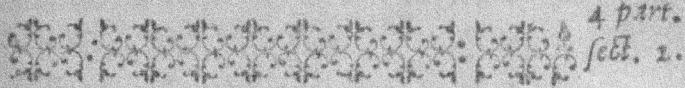

4 part.
sect. 2.

CHAPITRE IV.

Commerce d'illusion que l'amour propre établit entre l'esprit & le cœur; combien les pensées sourdes & clandestines entrent dans ce commerce.

I.

Rien n'est plus surprenant que les illusions que le cœur & l'esprit se font mutuellement. Ce ne sont ni deux regions separées, ni deux êtres distincts l'un de l'autre; & cependant ils ne savent pas, la plûpart du tems, ce qui se passe l'un dans l'autre; & ce n'est gueres que par cette ignorance reciproque & affectée qu'ils se seduisent reciproquement.

II.

L'esprit ne veut point rechercher ce qui se passe dans le cœur; cette étude lui paroit trop abstraite & trop metaphisique. Le cœur se met aussi peu en peine de consulter les lumieres de l'esprit; ces lumieres lui sont d'ordinaire trop incommodes; & ainsi le cœur destitué des lumieres de l'esprit s'abandonne au funeste penchant de ses inclinations ; & l'esprit dépourvû de la sage retenuë du cœur, se laisse emporter à la curiosité, & à l'égarement de ses pensées.

III.

On voit bien qu'il n'en faudroit pas plus que cette mesintelligence concertée entre ces deux facultés, pour les jetter en mille illusions. Mais elles s'en font bien d'autres lors même qu'elles semblent estre de meilleure intelligence. Si le cœur parle à l'esprit; ce n'est qu'en faveur de ses penchans. S'il consulte ses lumieres, ce n'est qu'à dessein de l'afoi-

blir, de le troubler, & de le por- 4 *part.*
ter (comme l'ont fait souvent bien *sect.* 2.
des Directeurs) à s'ajuster à ses
inclinations, à relâcher de la severité de ses regles. Ou enfin le
cœur ne le consulte que pour lui
persuader que tout ce qu'il veut
est reglé ; en un mot, que pour
le seduire. L'esprit en use à peu
prez de même à l'égard du cœur.
Etourdi, troublé, charmé de ses
douceurs & de ses caresses ; comment pouroit-il le contredire dans
ses inclinations ? S'il les étudie
donc, ce n'est que pour les
aprouver ; il a habillé en principes les raisons dont le cœur s'est
servi pour le préocuper ; ou plûtôt il a fait plier les vrais principes sous les loix de l'amour propre ; & ce n'est plus que sur ces
fausses maximes qu'il le dirige ; &
ainsi il lui rend, avec profusion,
ses illusions. Aussi est-ce de là
qu'on remarque de si étranges pa-

radoxes dans la vie des hommes.

IV.

Quel plus étrange paradoxe, que de voir des gens ne parler que de la justice & de l'équité, paroître pleins de respect & d'atachement pour l'ordre de la justice, & les trouver cependant en des injustices criantes ! On croit que l'hipocrisie est le dénoüement de ce paradoxe, & l'on s'y trompe souvent. Ces gens croyent de bonne foy aimer la justice. Le dénoüement doit donc se prendre de l'illusion que le cœur fait à l'esprit. A un esprit qui sait qu'on doit aimer la justice, son cœur prend soin de lui persuader que tout ce qui lui plait est juste ; & ainsi l'esprit préocupé en faveur du cœur, fait commettre les plus hautes injustices, sans remors de conscience.

V.

Le mal de cela est, que les rai-

fons dont le cœur s'est servi pour 4.*part.*
préocuper l'esprit, ayant eu son *sect. 2.*
aprobation, passent pour principes
incontestables, & deviennent ensuite une source feconde d'illusions & de déréglemens dans les
mœurs. Et c'est de là que se forment imperceptiblement ces consciences erronées, par lesquelles
on voit tous les jours tant de gens
se soutenir en des desordres grossiers & dans des routes tres-perilleuses, aussi tranquilement que
s'ils marchoient dans les voyes
les plus seures de la justice. Et
c'est ainsi que l'esprit rend au
cœur ses propres ténebres, & lui
renvoye les illusions qu'il en a reçûës.

VI.

D'où vient qu'on est si bon Casuiste pour les autres, qu'avec
une mediocre lumiere on leur marque, sans heziter, le meilleur
parti : au lieu qu'on est si flottant,

Q iij

si inquiet, si indeterminé pour soi-même, qu'on ne sait presque à quoi s'en tenir: ou que si l'on se détermine, c'est presque toûjours pour les partis qui favorisent la cupidité? C'est que la raison juge des autres sans partialité: au lieu qu'en ce qui nous regarde, la raison est presque toûjours partiale, & ne juge qu'en faveur des passions & des penchans du cœur: parce qu'elle ne juge que sur les faux principes qu'elle en a reçûs?

VII.

Que cela fait bien voir la necessité de prendre conseil, dans les matieres de conscience, quelque éclairé qu'on soit: car il est certain que lors qu'il s'agit de juger sur ces matieres, en sa propre cause, le cœur ne manque guere d'envoyer aux esprits même les plus éclairés, des vapeurs tenebreuses toutes propres à les of-

fufquer, à les faire pencher pour 4 part.
ſes propres interets, & à leur fai- ſect. 2.
re aprouver, & même canoniſer
ſes inclinations les plus déréglées.

VIII.

Quelles illuſions ne ſe fait-on
pas, la plûpart du tems, ſur la diſpoſition de ce cœur? On croit
eſtre plein d'amour pour certaines perſonnes : on leur jure que
cet amour eſt le plus pur & le plus
gratuit : qu'on ſacrifieroit pour
elles toutes choſes, juſqu'à ſa
propre vie : enfin, que jamais
amour ne fut plus deſintereſſé.
Mais qu'il y a ſouvent d'illuſions
dans ces proteſtations ! Qu'importe de ne pas aimer par l'interet de l'argent & de l'utile : ſi
l'on n'aime que par l'intereſt du
plaiſir & de l'agreable? L'amour
en eſt-il moins intereſſé, moins
impur, & moins mercenaire?
Mais qui ſont ceux qui ne cher-

Q iiij

368 Du cœur humain
chent pas le plaisir dans leur amour ? C'est le plaisir qui les remuë, c'est ce qui les atache, c'est ce qui les enchaine ; & c'est tout ce qu'ils se proposent dans leur atachement pour un objet. Ils ne l'aiment donc que pour leur propre satisfaction : ils ne l'aiment, aprez tout, que pour eux-mêmes, & que par raport à eux : puisque le plaisir n'est pas different de nous-mêmes, & n'est qu'une maniere d'estre de notre ame. Ils ne l'aiment donc enfin que par interet : puis qu'il n'en est point de plus vif que celui du plaisir. En un mot, à parler proprement, croyant aimer cet objet plus qu'eux-mêmes ; ils n'ont vraiment d'amour que pour euxmêmes.

IX.

Qu'il est à craindre que dans l'amour de Dieu notre cœur ne nous fasse la même illusion que dans

l'amour des creatures ! & que 4.part.
lors qu'on croit l'aimer le plus sect. 2.
purement & le plus gratuitement,
on ne l'aime que pour les plaisirs
& les gouts qu'on en reçoit en
cette vie: ou pour ceux qu'on en
atend en l'autre ! Cœur mercenaire, qu'importe à quel prix
vous vendez votre amour, si vous
le vendez?

X.

Un Courtisan qui obséde sans
cesse son Souverain, qui ne peut
le perdre un moment de vûë, qui
étudie avec soin toutes les occasions de lui marquer son atachement & ses complaisances, ses assiduités & ses services; qui expose même quelquefois sa vie,
sous ses ordres, ne doute pas
que l'amour de son Prince ne
soit le vrai motif de tous ces mouvemens; & se fâcheroit même,
si on lui disoit que l'amour propre y a beaucoup de part, & que

ce qui l'agite le plus est une vûë secrete d'ambition, un desir d'établissement & de fortune ; qui, pour estre caché dans quelque repli de son cœur, ne se glisse pas moins réellement dans toutes ses actions. Que faire donc pour l'en convaincre, & lui faire voir son illusion ? J'observe le moment du renversement ou de la fortune de ce Prince, ou de celle de ce Courtisan ; & je m'aperçois que dans l'un & dans l'autre ce lâche sujet est le premier à abandonner son Prince, à le mépriser, à le décrier, à pester contre sa conduite, & se repentir de ses services. Et je me récrie : O amour propre, amour propre, le plus insigne de tous les fourbes & de tous les imposteurs !

XI.

Un homme qui, tant que les jours durent, passe perpétuellement d'un exercice à un autre, qui court de Bureau en Bureau, d'Atelier en Atelier, de Procureur en Avocat, d'Avocat en Raporteur ; qui parcourt trois fois le jour son jardin, ses écuries, sa ménagerie, les divers offices de sa maison, jureroit que dans un enchainement si suivi d'exercices si liés & si entassés, il n'a nul dessein de se fuit lui-même ; & que la crainte de se rencontrer en quelque endroit n'a nulle part à cette conduite. Il en donneroit hardiment le démenti à quiconque lui diroit le contraire, & soutiendroit que ce n'est que la pure nécessité de vaquer à ses affaires, ou, tout au plus, le besoin d'un honnête divertissement qui l'entraine ainsi au dehors, & qui l'occupe d'une maniere si suivie. Il s'en trouvera même qui se connoîtront assez peu, pour vous dire que c'est malgré eux qu'ils se trouvent engagés en ces ocupations : qu'ils en sont embarassés, & qu'ils soupirent aprez le repos & la solitude. Voulez-vous les desabuser, & leur faire sentir l'illusion de leur amour propre ? (car on se fuit aussi-bien que l'on se recherche par amour propre) en voicy un moyen infaillible. Promettez-leur de vaquer à leurs affaires, & de les expedier mieux qu'eux-mêmes : ou, s'il s'agit de quelque interer, ou de quelque gain : dédommagez-les, & leur donnez, sur le champ, la somme qu'ils pouroient gagner par leurs soins en deux ou trois jours : mais à condition que, pendant ce tems, ils demeureront dans la retraite, & vivront dans une entiere desocupation : & afin qu'ils n'ayent nul sujet de se plaindre des desagrémens de cet état, donnez ordre que rien ne leur manque des commodités de la vie. Et vous verrez, au bout des trois jours, s'ils seront con-

tens de ce marché, & s'ils se- 4.part.
roient d'humeur à le passer sou- sect. 2.
vent. Ou plûtôt vous verrez s'ils
ne vous avoüeront pas, pour peu
qu'ils ayent de sincerité, que ces
trois jours leur ont duré une an-
née. Demandez-leur le pourquoy.
Ils avoient toutes les necessités,
& même les commodités de la
vie. Il est vrai ; mais vous les aviez
abandonnez à eux-mêmes, la plus
desagreable & plus chagrinante
compagnie, qu'ils pussent avoir.
Un chien ou un chat leur eût été
d'un commerce infiniment moins
desagreable.

XII.

Sans mentir, l'homme est un
étrange paradoxe, de quelque
côté qu'on le regarde. Il n'est jamais en meilleure compagnie,
qu'avec ceux qu'il aime : Il n'aime personne plus que lui : & cependant il se trouve de si mauvaise compagnie, qu'il ne peut

presque se resoudre à demeurer seul avec soy ; & que plûtôt que d'en estre reduit là, il liera commerce, je ne dis pas simplement avec son jardinier, ou son palfrenier ; mais même avec son chien, ou son chat. Quelle illusion !

XIII.

Mais ce commerce d'illusion entre l'esprit & le cœur est encore merveilleusement entretenu par quantité de pensées sourdes & clandestines, que l'esprit & le cœur conspirent également à se dissimuler.

XIV.

C'a été de nos jours une grande question, que de savoir s'il y a des *pensées auxquelles on ne pense point*. La seule proposition en a dabord paru si ridicule à certains Auteurs, qu'ils n'ont fait nulle difficulté de la traiter de badine, ou même d'extravagante. Cependant de plus meures reflexions sur eux-mêmes, leur ont rendu, avec 4.*part.* le tems, ces pensées non seule-*sect. 2.* ment suportables, mais même agreables.

XV.

Pour moy, s'il m'étoit permis de proposer là-dessus mon sentiment, j'alierois les deux opinions opposées; en disant, qu'à la verité, il n'y a point dans l'esprit de pensées qu'il n'aperçoive du moins confusément & indistinctement : mais qu'aussi il faut convenir qu'il y en a un grand nombre de confuses & d'indistinctes, & qui font sur le cœur des impressions trez-réelles, sans qu'il s'en aperçoive faute de reflexion ; & c'est pour cela que je les apelle sombres & clandestines.

XVI.

Pour peu qu'on s'étudie soi-même, il n'y a personne qui ne puisse assez souvent s'apercevoir qu'il porte dans le cœur de certaines impressions d'amour ou de

4.part.
sect. 2.

haine, de joye ou de tristesse, de chagrin ou de complaisance, de douceur ou d'amertume, sans en savoir distinctement la cause, & sans se souvenir distinctement des pensées qui les ont fait naitre. Pour s'apercevoir de cela, il ne faut pas aler chercher les grandes & les vives impressions de chagrin, d'agrément, ou d'amertume. Celles-cy portent presque toûjours avec elles la presence distincte de l'objet & de l'idée qui leur a donné l'être. C'est particulierement dans les impressions moderées ou afoiblies par le tems, que cela nous arive.

XVII.

Un homme dans un jour de feste & de divertissement, dans l'enjoüement d'un regal qu'il donne à ses amis, dans les agreables momens d'un spectacle qui l'enchante, aprend qu'un de ses chevaux vient de se tuer. Hé! bien, mon enfant, (dit-il à celui qui lui en donne la

nouvelle) c'est un cheval mort; 4.*part.*
& sans y faire la moindre refle- *sect.* 2.
xion, il continuë à se divertir
avec ses amis, comme s'il n'avoit
rien apris; & le fait effectivement
d'une maniere si suivie & si également
enjoüée, que par la diver-
sité des choses agreables qui se
disent, & des divertissemens qui
se succedent, il vient à oublier
parfaitement la nouvelle qu'on
lui a annoncée; de sorte que ni
ses amis, ni lui-même ne s'aperçoivent pas qu'elle lui ait fait la
moindre impression. Cependant,
chose étrange! à peine quelques
quarts d'heure se sont écoulés,
que, sans changer pour les dehors, il s'aperçoit que son cœur
ne peut plus s'abandonner au divertissement avec la même liberté. A chaque pas qu'il fait il sent
une secrete bariere qui l'empêche
d'aler dans le plaisir aussi loin qu'il
aloit auparavant. Une espêce d'a-
mertume se répand, malgré lui, sur

378 Du cœur humain

4.par. tout ce qui s'ofre de douceurs. En
sect. 2. un mot, un je ne say quoi (car c'est
icy qu'on peut user de ce terme)
lui serre le cœur, & l'empêche de
s'ouvrir à l'ordinaire. Il est lui-
même surpris de cette disposition.
Il ne sait d'où vient qu'il ne se divertit plus comme il faisoit dabord : il admire ce changement :
il en cherche la cause ; & la cherche inutilement, jusqu'à ce que
retournant sur ses pas, sans changer de place, il trouve en chemin
son cheval mort ; & reconnoit, à
sa honte, que cette méprisable
machine est ce qui lui tenoit au
cœur.

XVIII.

Pleurer la mort d'un Directeur
autant de tems que dureroit le
deuil d'un mari, seroit déja quelque chose d'extraordinaire : mais
on va quelquefois bien plus loin,
& il s'en trouve qui le pleurent
dans leur cœur presque toute la
vie : je dis dans leur cœur : car

souvent ce cœur ressent l'amertu- 4. *part.*
me de son absence, lors même *sect.* 2.
que l'esprit en a perdu l'idée.
Dans tous les plaisirs & les divertissemens qui s'offrent ; dans les compagnies & les assemblées les plus agreables, ce cœur sent quelque chose qui lui manque ; & ce sentiment, quoique sourd, l'empêche de se livrer à la joye. Souvent il porte cet état, sans se demander à lui-même ce qui le retient. Mais enfin si chagrin de ne pouvoir se livrer à la joye qu'il aime invinciblement, il veut rechercher ce qui s'y oppose ; toutes les voyes où il entre pour cela, aboutissent toûjours à la mort du Directeur ; les autres sujets de chagrin ont beau s'ofrir, ce n'est point là ce qui resserre ce cœur ; ce n'est point ce qu'il recherche, si la mort du Directeur ne se trouve au bout.

XIX.

On éprouve à l'égard des im-

4.part. pressions de joye ce que nous ve-
sect. 2. nons de remarquer sur celles de
chagrin. C'en est encore de même des impressions de colere, de rancune, de vengeance, d'envie, d'ambition, &c. Presque toutes nos passions nous laissent dans le cœur de pareilles impressions, lors même que nous ne songeons plus à leurs objets, & que nous n'en avons presque plus d'idées. Les détails en seroient infinis, si l'on vouloit s'y engager: mais il est plus à propos que chacun y entre pour soy, & se donne l'utile plaisir de les developer dans son cœur.

XX.

Cependant je ne puis me dispenser de faire icy remarquer que ces impressions ne se font pas simplement ressentir au cœur; mais qu'elles ont même encore une influence réelle dans toute notre conduite: car par là il sera aisé de reconnoître en combien d'illusions

on tombe tous les jours, faute de 4. part.
reflechir sur ces impressions; & sect. 2.
faute de s'apliquer à en découvrir
les sources.

Oüi: souvent ce n'est que par le
mouvement de ces impressions secretes que l'on agit, quoi qu'on
ne le croye pas. On en est, la plûpart du tems, à son insçu, remué,
soutenu, emporté, lors qu'on croit
se remuer avec plus de liberté.

XXI.

Sondez votre cœur; & vous
verrez peut-être que ce qui vous
donne tant de mouvemens, en
quelques occasions, c'est un secret sentiment d'ambition ou d'envie; que ce qui vous empêche au
contraire de vous remuer, & ce
qui vous tient si indifferent & si
froid pour certaines gens; c'est
une secrete impression de chagrin & de rancune contre eux:
que ce qui alume si fort votre zéle contre les desordres du gouvernement des Corps, des Commu-

nautez, des Eglises, c'est peut-être une secrete impression de chagrin contre ceux qui gouvernent : que ce qui vous donne cet esprit de severité & de censure pour les divertissemens de la jeunesse, c'est un sourd déplaisir d'être hors d'état d'y prendre part : que ce qui vous rend si peu favorable à la cause de cette pieuse veuve, c'est un vieux reste d'un assez leger chagrin que feu son mari vous causa autrefois, & que vous croyez avoir parfaitement oublié. En effet votre esprit n'en a plus d'idée : mais votre cœur plus ménager que votre esprit, en conserve encore l'impression. Et c'est celle-cy qui pendant que vous n'y songez seulement pas, vous fait prononcer un injuste jugement contre la veuve.

XXII.

On voit donc bien par là, non seulement que ces impressions, toutes sourdes qu'elles sont, en-

rent dans toute notre conduite; 4.*part.*
mais aussi qu'elles nous font de *sect. 2.*
grosses & frequentes illusions; &
comment elles nous les font.

XXIII.

Car quelle illusion n'est-ce pas
de croire se remuer soi-même,
pendant qu'on est effectivement
remué par cent ressorts inconnus?
c'est pourtant ce qui nous arive
par raport à ces impressions. Ces
hotesses importunes, aprez avoir
feint de se retirer avec l'idée de
l'objet qui les avoit amenées dans
le cœur, se retranchent comme
dans son fond; & là, cachées sous
le rideau d'objets tout differens,
qui voltigent sur la surface de
l'esprit, elles font joüer si adroi-
tement tous les ressorts de notre
conduite; que quoiqu'il y ait peu
d'actions où elles n'ayent quelque part; il est trez-rare qu'on
s'en aperçoive, quand on ne s'é-
tudie pas soi-même: car la grande
regle sur laquelle on juge com-

4.part.
sect. 2.

munément de la regularité de sa conduite; est d'observer les vûës & les idées qu'on a euës dans l'esprit, pendant qu'on agissoit; & si l'on ne trouve rien d'injuste dans ces vûës; on se tient comme seur que les mouvemens du cœur ont été reglés; parce qu'on ne soupçonne pas qu'ils ayent eu d'autres principes, ni d'autres causes, que ces vûës.

XXIV.

Et ainsi il peut fort bien ariver; & il n'arive même que trop souvent, que plein d'idées toutes spirituelles, on croit n'agir que pour Dieu; pendant qu'en effet on ne suit que le mouvement de ces impressions vicieuses cachées dans le fond du cœur. Hureux qui n'y en a que de bonnes: car celles-cy se répandent sur notre conduite, à peu prez comme les mauvaises; un homme touché d'une forte impression de charité dans le cœur, fait le bien, & agit

pour

pour Dieu en mille rencontres, *4.part.* sans même s'en former l'idée. Il *sect.2.* parlera d'afaires depuis le matin jusques au soir, son esprit en est tout ocupé ; & cependant c'est uniquement une secrête impression d'amour pour la justice ; qui cachée dans le fond de son cœur, le remuë, & le fait agir.

XXV.

Si nous n'avions jamais de plus dangereuses impressions que celle-là, il ne faudroit point se preserver contre les illusions qui en pouroient naitre. Mais comme nous sommes sujets à en avoir de trez-malignes ; il est important de chercher quelque preservatif contre leurs illusions.

XXVI.

Je n'en trouve point de meilleur qu'une prudente défiance de ces specieuses idées, qui (comme je l'ay déja dit) voltigent sur la surface de l'esprit. Il ne faut point se flater que ce soient ces vûës qui nous remuënt & qui nous faſſent agir. Il faut entrer, pluſieurs fois par jour dans ſon cœur; l'étudier avec ſoin; & pour ainſi dire, le tâter; car il s'en faut bien que toutes ſes diſpoſitions ne nous ſoient connuës. Que ſi on lui trouve quelques-unes de ces impreſſions clandeſtines; ſi on lui remarque quelques batemens ſourds, & pour ainſi dire, quelque fiévre lente, cauſée par un objet qui ne paroit pas, & qu'on ne diſtingue pas; il faut mettre tout en œuvre pour le découvrir; car par là on découvrira une de ſes ſecrettes ataches, & le principe de la plûpart de ſes mouvemens.

XXVII.

Pour faire cette découverte, rien n'eſt plus utile que la methode dont le cœur uſe lui-même pour avertir l'eſprit de penſer à ce qu'il aime. Il l'oblige à lui faire paſſer en revûë les idées de

CONSIDERÉ EN LUI-MESME. 387
divers objets. Tant que ces idées ne sont pas celles de l'objet pour lequel il bat actuellement : son mouvement est inquiet, flotant & indeterminé ; & par cette inquietude, c'est comme s'il disoit, à mesure que ces diverses idées passent ; *ce n'est pas cela, ce n'est pas cela*. Mais dés que l'idée de l'objet qui le remuë actuellement, vient à passer ; alors son agitation flotante & indeterminée se fixe tout d'un coup, & se change en un mouvement direct, qui tient beaucoup du repos, & qui en fait gouter le plaisir. Marque certaine que c'est là l'objet qui l'occupe, & de l'amour duquel il est ému.

4. par. sect. 2.

XXVIII.

La plus belle figure que nous ayons de cette double situation du cœur, est le mouvement d'une aiguille de boussole, lors qu'on lui presente un *aiman* : car tandis qu'on lui presente les endroits differens de ses poles, elle ne fait que chanceler d'une maniere indeterminée : mais, dés qu'on lui presente les poles, voicy ce qui arive : si c'est son pole ami, toute son indetermination cesse, & elle n'a plus qu'un mouvement direct, ou une vraye tendance vers lui : que si c'est son pole ennemi: elle s'en éloigne, en un moment, tout autant qu'elle peut. Et c'est par là qu'on reconnoit quel est le pole de l'aiman avec lequel elle simpatise; & quel est celui de son antipatie.

C'est donc aussi par une semblable methode qu'on peut reconnoître non seulement le principal pole du cœur : je veux dire, l'objet principal de ses ataches, & ses plus delicates simpaties; mais aussi ses capitales aversions, ses plus cachées antipaties.

XXIX.

De tout ce que nous avons dit jusques icy sur ce sujet, il est visible premierement que les impressions du cœur sont bien plus de durée que celles de l'esprit. *4 part. sect 2.*

La raison de cette difference est, que nos idées ne nous modifient point. Ce ne sont que des images que l'on expose à la vûë de l'esprit : au lieu que nos sentimens & les inclinations du cœur sont de vrayes manieres d'estre, & de vrayes impressions formées, pour ainsi dire, dans sa substance. Il n'est donc pas surprenant que celles-cy subsistent, pendant que les autres s'évanoüissent & se dissipent. Il est aisé qu'une idée qui nous remuë & nous touche, soit bannie, ou du moins éclipsée par une nouvelle venuë. La diversité de celles qui surviennent, peut bien la faire disparoître : mais elles n'enlevent pas de même l'impression que le cœur en a reçuë; celle - cy persevere lors même qu'on ne sait plus ce qu'est devenuë *l'idée motrice.*

XXX.

En second lieu on doit conclure de tout cecy, ou qu'il n'est point necessaire que l'amour, je dis même l'amour actuel, soit toûjours accompagné de l'idée de son objet ; & qu'ainsi une ame peut trez-bien aimer actuellement Dieu, sans estre actuellement occupée de son idée : ou qu'il y a vrayement dans l'esprit des pensées sourdes & clandestines, auxquelles on ne pense point distinctement, des idées qu'on n'aperçoit que d'une maniere sombre & confuse ; & qui produisent cependant sur le cœur des impressions trez-réelles.

XXXI.

Enfin tout cela fait voir combien le cœur humain est impenetrable ; combien ses dispositions sont cachées ; & de quelle importance il est de s'apliquer à étudier le cœur & à le connoître.

CHAPITRE V.

Que l'amour propre se dédommage toujours sur quelque vice, ou quelque passion du sacrifice qu'il fait des autres.

I.

C'Est une des plus ordinaires adresses de l'amour propre. Il ne perd jamais rien; & s'il donne quelquefois quelque chose : s'il fait quelques sacrifices de ses interets sur un sujet; ce n'est qu'à la charge qu'il se dédommagera sur un autre.

II.

Que de gens se font honneur d'avoir vaincu, ou étoufé une passion, qui ne prennent pas garde qu'ils ne l'ont surmontée, qu'en sucombant à une autre, &

peut-estre même plus dangereuse ! Que nous sert de resister aux passions brutales, si nous sucombons à l'orgueil, à l'ambition, à l'avarice ? Il n'y a que les passions saintes, une crainte filiale, le vif sentiment de son immortalité, le desir de la vie future, l'amour de Dieu, qui puisse bannir absolument du cœur toutes les passions criminelles.

III.

Dans cette haute situation à laquelle vous aspiriez il y a si long tems, & où vous estes arivé lorsque vous vous y atendiez le moins, vous vous étonnez vous-même de vous voir si moderé ! mais sondez votre cœur, & vous trouverez que pour une passion que vous croyez éviter, vous sucombez à trois ou quatre autres ; & que vous ne resistez à la joye immoderée de votre bonne fortune, que par la crainte de vous faire des envieux, par une vaine ostentation de force d'esprit, & par le desir de paroître ou modeste, ou fort superieur à la Dignité dont vous vous trouvez revêtu.

4.part. sect. 2.

IV.

Vous vous regardez comme un heros de fermeté & de constance, parce que vous avez apris, sans emportement, le renversement de votre fortune, & reçu d'un visage égal une Lettre de Cachet qui vous relegue à l'autre bout du Royaume. Mais ne jugez pas de votre vertu par ces dehors équivoques. Jamais aparences ne furent plus trompeuses. Elles ne seduisent pas simplement les autres: elles vous seduisent vous-méme. Rentrez dans votre cœur: & jugez par ses agitations secrétes, par son chagrin, par son abatement, que ce qui a fait le faux merite de votre vertu aparente, n'a été que la presence de vos amis qui se trouverent lorsque vous reçutes cette nouvelle,

R v

que la crainte de leur marquer de la foiblesse, & qu'un secret desir de vous distinguer par cette fermeté aparente.

V.

On se défend tant qu'on peut des disgraces qui viennent de l'injustice & de la persecution des hommes; mais lors qu'on ne peut plus s'en défendre, on s'en fait un relief & un merite, que l'on met à la place de toutes ses pertes; & l'on trouve ainsi le moyen de se dédommager sur l'honorable, de ce qu'on a perdu du côté de l'utile ou de l'agreable.

VI.

Bien des gens font à un pecheur converti un vrai merite de se reconnoître pour un scelerat, & d'estre toûjours prest à faire l'aveu & le recit de ses égaremens passés. Mais je ne say s'il est bien seur de lui conter cette disposition pour une grande vertu. C'en est assurément une sublime, lorsque cela se fait dans un vrai esprit d'humiliation & d'aneantissement : mais qu'il est à craindre que la vanité n'y entre pour quelque chose : & quelquefois même pour le tout. Par cet aveu l'on fait valoir la grandeur de son entreprise, la force de sa resolution, tous les frais de ce changement : on se fait honneur de tout cela ; & je ne say même si l'on ne s'en fait point un peu de l'excez des crimes dans lesquels on est tombé ; tant il est vrai que l'amour propre se dédommage par les choses mêmes les plus capables de le flétrir.

VII.

L'amour propre ne paroit jamais moins interessé que lorsqu'il se répand le plus en bienfaits : mais dans la verité il ne l'est jamais plus que dans ces magnifiques profusions. Un laboureur qui jette à pleine main son grain en terre est-il bien desinteressé ?

L'amour propre bienfaisant est un laboureur qui séme dans l'esperance du centuple.

VIII.

On n'avouë d'ordinaire certains defauts, que pour mettre, par là, les autres plus à couvert : ce sont des enfans perdus que l'on n'expose que pour ménager les favoris.

IX.

De tous les defauts celui qu'on fait moins de façon d'avoüer, est la paresse : parce qu'on se persuade qu'on la regardera comme liée avec toutes les vertus tranquiles ; & qu'on nous fera retrouver dans le silence & le recueillement, dans la modestie & le calme des passions, ce que l'on perd par le defaut d'action.

X.

On est encore toûjours prest à publier qu'on manque de memoire : mais c'est qu'on s'atend qu'on nous remplacera hureusement ce

defaut, par beaucoup de juge- *4.part.*
ment : cependant on s'y trouve *sect. 2.*
souvent trompé : il est vrai qu'un
jugement solide ne se trouve gueres avec une hureuse memoire :
mais ce n'est pas une preuve qu'il
doive se trouver où celle-cy ne se
trouve pas. Et l'on peut dire qu'il
n'y a gueres moins de gens de
malhureuse que d'hureuse memoire, qui attendent le jugement.

XI.

Il y en a qui prennent volontiers
le parti d'avoüer ingenuëment de
petits defauts, dans l'esperance
qu'on les quittera des grands ;
mais c'est un artifice d'un si frequent usage, qu'il en est usé.

XII.

Enfin il y en a qui sont les premiers à reconnoître & à confesser
tous leurs defauts, petits &
grands. Qui ne les croiroit pas parfaitement humbles ? & cependant
ne se peut-il pas faire que ces gens

aspirent, par là, à la gloire des humbles ; & qu'ils s'atendent que cette aparente humilité leur fera restituer au double les qualités dont ils se dépoüillent par cette artificieuse prodigalité ?

XIII.

Qu'on se trompe souvent sur le merite des gens, & qu'on leur donne son estime à bon marché ! On ne penetre point dans leur interieur : on n'en peut juger que par les dehors. Mais que ces dehors sont équivoques & trompeurs ! Vous ne doutez point, par exemple, que ce ne soit par liberalité, ou par charité que se font ces grandes distributions, & ces magnifiques largesses aux pauvres & aux Eglises ; & c'est bien fait d'en juger ainsi : c'est le parti qu'on doit toûjours prendre par provision : mais qu'il s'en faut bien que ces éclatantes profusions ne partent toutes du principe dont elles font parade ! C'est souvent un trafic par lequel on achête la reputation d'homme liberal & charitable. Le sacrifice est grand, à la verité : mais c'est un sacrifice à l'orgueil : il en coûte à l'avarice : mais on se dédommage sur la vanité, & sur l'estime des hommes, que l'on aime mieux que ce que l'on donne.

4.part: sect. 2.

CHAPITRE VI.

Que l'amour propre sçait aler à ses fins par des voyes détournées, & quelquefois même opposées.

I.

CEt artifice est de tous ceux de l'amour propre celui qui lui réussit le mieux. Témoigner

4 part.
sect. 2.

ouvertement qu'on tend à un but, & y aler directement, seroit s'exposer à trouver bien des gens en son chemin, & à se faire souvent rompre en visiere. Il est donc bien plus seur de prendre à côté du grand chemin, & de paroître même tourner le dos au lieu où l'on va. On affecte de paroître avoir de l'éloignement des choses que l'on souhaite avec plus d'ardeur : on en témoigne du dégout : on se fait prier, on remercie, on refuse de maniere à s'atirer de nouvelles instances : enfin on s'inquiete & l'on s'agite pour faire croire qu'on ne veut point ce qu'on meurt d'envie d'avoir; tous ces mouvemens sont, à la verité, des voyes détournées, & meme aparemment oposées à la fin où l'on tend : mais aussi elles sont bien plus seures & plus à couvert de la contradiction.

II.

Un homme a la teste pleine

CONSIDERÉ EN LUI-MESME. 461
d'ambition, & ne soupire que *4. part.*
pour les premiers postes & les *sect. 2.*
plus honorables emplois. Il ne
vous étourdit que de l'éloignement qu'il en a. Il ne parle de ces
dangereuses situations qu'avec
frayeur. Il en découvre tous les
perils : il s'en defend avec force,
lors qu'on sonde, sur cela, ses
dispositions ; il les refuse même,
lors qu'on les lui presente. Plus
on le presse, plus il s'agite : plus
il voit le coup immanquable,
plus il se fait tenir. Enfin il donne si bien la comedie aux autres, &
jouë si parfaitement son personnage, qu'il se seduit lui-même, &
que venant à se regarder comme
contraint d'accepter ce qu'il souhaitoit il y a si long tems : il a le
plaisir de se voir répandre des larmes pour la chose du monde qui
lui donne le plus de joye ; & d'avoir sçu satisfaire pleinement son
ambition, en se donnant cependant le relief & le merite de

la plus grande modestie.

III.

Ces adresses ne sont pas si ordinaires dans le monde ; la corruption y est si excessive, qu'on s'y fait même une vertu de l'ambition, & qu'on regarde comme bon à rien un homme qui n'en a point : mais c'est dans l'état Ecclesiastique & dans l'état Regulier où ces adresses sont d'usage : encore ne s'en sert-on plus gueres dans le premier ; bien des gens n'y faisant pas presentement grande difficulté de lever le masque de l'ambition.

IV.

De quelles adresses n'use-t-on point pour se défaire de ceux dont on se sent incommodé : je veux dire, de ceux qui choquent ou notre orgueil par leur merite, ou nos autres vices par leurs bonnes qualités ?

V.

Un Ministre ambitieux s'aper-

CONSIDERE' EN LUI-MESME. 403
çoit qu'un homme de naissance 4.*part.*
joignant aux agrémens de sa per- *sect.* 2.
sonne toute la lumiere, la prudence & la sagesse qui peuvent le
rendre necessaire à l'Etat, devient
tous les jours plus aimable & plus
precieux à son Prince. C'en est
assez pour l'obliger à former le
dessein de s'en défaire. Mais comme il sent bien qu'il n'y réussiroit
pas, en entreprenant de le détruire dans l'esprit du Prince; l'amour
propre ambitieux & jaloux prend
une voye toute opposée: mais qui
n'est pas moins seure. Il se sert de
son merite même pour l'écarter:
Il fait valoir sa naissance & son
esprit : il le dit plus propre que
qui que ce soit aux intrigues &
aux negotiations. Il persuade au
Prince qu'il ne peut confier à de
plus habiles, ni de plus seures
mains l'Ambassade de, &c. & par
cet honneur meurtrier & ces
cruels éloges, il vient à bout de
bannir du Royaume un homme

dont le merite aloit bien-tôt effacer le sien. Il s'en sait le meilleur gré du monde, il s'en fait un merite devant Dieu & les hommes ; & il se remercie, comme de la meilleure œuvre, d'une action qui n'a été conduite que par l'orgueil, la jalousie & l'ambition. Mais, direz-vous, je n'ay point eu cette vûë : je n'y pensois seulement pas ? Non : mais votre amour propre y pensoit pour vous, & a mené l'intrigue à votre insçu.

VI.

Que de gens ne méprisent la gloire, & ne fuyent les honneurs, que pour joüir de la gloire de l'avoir méprisée, & pour se faire un honneur d'avoir fui ces honneurs !

Qu'il s'en trouve encore qui ne témoignent de l'éloignement des loüanges, que dans la vûë de se faire mieux encenser !

VII.

Je me fie peu à ces gens qui

font les premiers à dire du mal d'eux-mêmes. Ces discours ne servent gueres qu'à me faire mettre en garde contre la surprise. En effet, souvent ils ne tendent qu'à surprendre l'aprobation de ceux qui les écoutent. S'ils vous abandonnent quelques qualités; ce n'est qu'avec cette condition tacite que vous les leur payerez au triple, par votre estime pour celles qu'ils se retiennent. En un mot, toute cette ingenuité & cette modestie apparente n'est qu'un trafic secret, par lequel ils exigent que vous leur acordiez pour un defaut de memoire, beaucoup de jugement ; pour quelque vivacité, & quelque promptitude auxquelles ils sont sujets, un bon cœur : pour le brillant qui leur manque, bien du solide : pour quelque defaut de regularité, un excellent fond de probité ; pour quelque bizarerie d'humeur, une grande droiture.

VIII.

4.part. sect. 2.

C'est un autre détour assez ordinaire, pour s'encenser soy-même, ou du moins pour se faire encenser par les autres, que de faire remarquer les défauts d'autruy. On se flatte du moins de mettre, par là, une partie de ses propres défauts à couvert, & de se donner, par dessus cela, la reputation d'homme d'esprit & de discernement. Mais il arive souvent qu'on se méconte à cet égard; & que des gens éclairés qui vous écoutent, ou qui vous lisent, vous font tacitement l'aplication des défauts que vous critiquez dans les autres; & je m'atens bien que ceux qui liront ces Reflexions, ne manqueront pas de me la faire; & ils le pouront sans temerité, & sans que je m'en formalise. Plût à Dieu que je pusse acheter à ce prix la ruine complète de ces défauts & dans les autres, & dans moi-même.

IX.

Qui se défieroit que l'art de loüer les autres fût l'art de se loüer soy-même ? & que le cœur humain, en relevant le merite d'autruy, ne tendît qu'à faire connoître le sien. C'est cependant encore un des détours de l'amour propre. Souvent on ne prend tant de soin de rehausser dans les autres, certaines bonnes qualités, que dans la vûë de se faire passer pour homme de discernement, de bon gout & d'équité.

X.

Que cela fait bien voir, pour le dire en passant, combien il est difficile de faire un bon personnage dans la conversation, soit qu'on parle des autres, ou de soi-même; qu'il est mal-aisé de ne s'y pas découvrir par bien des endroits foibles ! Si vous dites du bien de vous : votre vanité saute aux yeux: Si vous en dites du mal : on découvre votre hipocrisie. Si vous loüez

4.par. sect. 2. les autres : on entrevoit ou vanité, ou flaterie, ou interet. Si vous les blamez : vous vous rendez justement suspect de jalousie, ou de malignité.

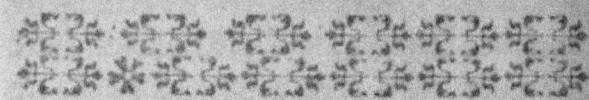

CHAPITRE VII.

Divers artifices dont l'amour propre se sert pour nous donner de la confiance dans les états les moins seurs pour le salut.

I.

L'Une des plus funestes & des plus ordinaires illusions de l'amour propre, est celle de donner de la confiance & de l'assurance dans les états de la vie les moins seurs & les plus perilleux pour le salut. Il se sert, pour cela, de divers artifices.

II.

II.

4.part. sect. 2. Premier artifice.

C'est est un qui lui est familier, que de faire qu'on ne se regarde presque jamais que par raport à l'afranchissement de certains vices grossiers qui se trouvent dans les autres : ou aux quels on a été sujet. Car, par là, on croit avoir droit de conter pour rien, tout ce qui manque d'ailleurs, quelque essentiel qu'il soit ; & il arive ainsi que souvent on se flate qu'on est sain, pendant qu'on est couvert de playes mortelles.

III.

Ainsi lors qu'une personne du monde a pû venir à bout, soit par un renversement de fortune, ou par la froideur de l'âge, ou par le dérangement de sa santé & de son embonpoint, de se défaire de quelques déreglemens d'éclat, ou de rompre quelques habitudes scandaleuses : on croit, avec cela, non seulement avoir mis tout le reste à couvert ; mais même avoir

4. *par*
ject. 2.
droit de passer pour devot ; & sur la foy de cette illusion l'on vit avec une extréme confiance, & pour ainsi dire, avec la derniere securité ; ne contant cependant pour rien d'avoir l'esprit tout aussi plein qu'auparavant des maximes du monde, & tout aussi prévenu d'estime pour ses objets; & le cœur tout aussi porté à l'orgueil & à la vanité, au plaisir & à l'ambition, à l'interet & à l'avarice. On fait, pour s'assurer, une perpetuelle comparaison de ce qu'on a été auparavant à ce qu'on est alors ; & la grande difference qu'on y trouve par quelques dehors, fait qu'on se flate que Dieu en doit estre aussi content que les hommes ; & l'on ne pense seulement pas à reformer le dedans, qui cependant est l'endroit essentiel, & par lequel Dieu veut estre particulierement honoré.

IV.

C'est de ces sortes de personnes dont il est vrai de dire que leur 4.*part.* dernier état est pire que le pre- *ject.* 2. mier. Il est vray que le premier étoit beaucoup plus scandaleux : mais du moins il avoit cela de bon, qu'il n'étoit pas propre à faire illusion. On s'y connoissoit déréglé : on se voyoit sur le bord du precipice : on étoit quelquefois saisi de frayeur sur le terrible danger que l'on couroit ; & cette frayeur salutaire étoit comme une resource de conversion, dont on pouvoit beaucoup atendre. Mais dans l'état dont je parle, on n'a plus cette resource : parce qu'on se flate qu'exemt de ces pechés grossiers & scandaleux, on n'a plus rien à craindre, dans quelque dissipation, quelque molesse, quelque oubli de Dieu, & quelque impenitence que l'on vive. On a trouvé le malhureux art d'alier l'usage des Sacremens avec une vie de jeu, de divertissement & de spectacles : ou du moins

4. part.
sect. 2.

avec la tiedeur, la paresse & l'oisiveté ; de sorte que l'usage des choses saintes rassurant faussement l'esprit contre les justes frayeurs que cette vie profane devroit donner ; on devient incapable d'estre plus touché de rien. Les meilleures prédications, les plus touchantes lectures, les plus édifians entretiens ne font plus, pour ainsi dire, que blanchir, contre un cœur ainsi défendu & endurci. Il n'y a plus de conversion à atendre : parce qu'on ne se croit ni perverti, ni déréglé ; & qu'on se persuade faussement que tout le risque qu'on court, en cet état, n'est tout au plus, que d'estre un peu plus long-tems en Purgatoire. Et c'est là, ce me semble, la raison pour laquelle il est plus aisé de convertir un Soldat libertin, qu'un Ecclesiastique, ou un Religieux déreglé.

V.

C'est suivant la même illusion,

qu'un Beneficier ne se regardant que par le dégagement où il est, par son état, de ces vices bas & honteux des gens du monde ; se croit par son caractere & sa destination aux Autels, de la derniere seureté pour le salut ; contant pour rien cependant son entrée irreguliere & ambitieuse dans l'état Ecclesiastique, & la simonie de la main ou de la langue, par laquelle il est parvenu à son Benefice.

Un autre au contraire ne se considerant que par sa regularité sur ces deux chefs ; se croyant bien superieur aux premiers, se croit aussi beaucoup plus seur de son salut ; pendant qu'il conte pour rien la pluralité des Benefices, le defaut de residence, l'usage profane qu'il fait du patrimoine des pauvres, lui qui en est le pere.

VI.

Ainsi une ame consacrée à Dieu par les trois vœux solemnels, ne se voulant voir que par ce bel endroit, & par l'éloignement où son état la met des soins & des embaras, des affaires & des pretentions du monde, des divertissemens & des occasions de peché ; & se comparant, sans cesse, à ceux qui ont le malheur d'estre dans tous ces engagemens, n'a pas le moindre doute sur son état, & se croit d'une grande perfection, pendant qu'elle conte pour rien une extréme dissipation d'esprit, & une funeste tiédeur de cœur, qui peuvent trez-aisément lui faire perdre tout le fruit de son renoncement au monde & de son sacrifice.

VII.

Ainsi un homme de Robe & un Marchand ne se regardans que par l'éloignement où ils sont des desordres ordinaires aux gens de guerre, de leurs violences & de leurs emportemens, de leurs blasphemes & de leurs débauches, croyent leur salut fort à couvert, pendant que l'un, je veux dire l'homme de Robe, ne se fait pas une affaire de se laisser corompre par les sollicitations & les presens, & de commettre ainsi les dernieres injustices ; de negliger de s'instruire des Loix, & de se mettre, par cette ignorance criminelle, dans la necessité de prononcer des jugemens trez-iniques ; de vivre, en un mot, dans la molesse, dans le plaisir & dans l'oisiveté.

4. part. sect. 2.

L'autre, je veux dire, le Marchand, ne fait nul scrupule de vendre à faux poids & à fausse mesure ; de survendre sa marchandise ; de la déguiser & farlater ; de mentir depuis le matin jusqu'au soir ; de tromper & sur la matiere & sur le prix : en un mot, de mettre tous ses soins à s'enrichir, par un esprit d'avarice & d'ambition.

VIII.

C'est ainsi que dans tous les

S iiij

états on se fait bon gré du parti que l'on y a pris : on vit content & sans scrupule, & l'on se fait une fausse securité, par comparaison à ce qu'il y a de plus déréglé dans les autres. C'est ainsi enfin qu'à la faveur de l'afranchissement de quelques vices, ou quelques defauts, l'amour propre nous en dérobe, ou nous en déguise une infinité d'autres trez-réels, & d'une trez-pernicieuse consequence, & nous conduit ainsi, les yeux bandés ou facinés, dans le precipice.

Deuxiéme Artifice.

IX.

Mais lors qu'il ne peut ni déguiser, ni pallier ces defauts, ni nous empêcher de les voir ; un autre de ses artifices, est de nous étourdir sur nos déreglemens, par la consideration du grand nombre de ceux en qui ils se trouvent, & de nous faire ainsi trouver de l'assurance dans la multitude des exemples. Car c'est une des ma-

ximes qu'il a autant pris de soin 4.*part.*
d'établir dans le monde, qu'*il y a* sect. 2.
de la folie à vouloir estre sage tout
seul. C'est sur cette fausse regle
que tant de gens se font illusion,
non seulement en marchant par
la voye large, & se croyant fort
en seureté, parce qu'ils suivent
la foule ; mais aussi en condam-
nant ceux qui s'en écartent, &
qui tiennent la voye étroite.

X.

Il est vray, dit une femme du
monde, je joüe, je vas à la Comedie, au Bal, à l'Opera : je passe
les journées entieres en des conversations profanes, & quelquefois impies : je vis enfin dans l'oisiveté & la paresse, dans le plaisir
& la molesse. Mais de ce grand
nombre de femmes que je connois
à la Cour & à la Ville, qui ne
vit pas ainsi ? seroit-il possible
que tout cela fût damné ? On ne
sauroit se mettre dans l'esprit que
ce qui se pratique par le grand

S v

nombre puisse estre mauvais, ni meriter la damnation ; sur tout si ce grand nombre est composé du grand monde & de gens de qualité : car comme on est dans le préjugé que les gens de qualité sont les mieux partagés d'esprit, de raison & de bon sens ; on ne peut pas se figurer qu'ils soient ainsi tous capables de prendre le mauvais parti, & de se mécontet d'une maniere si énorme & si cruelle. D'ailleurs on se laisse si fort éblouir du faux éclat qui environne la naissance, la noblesse & la grandeur, qu'on ne peut comprendre que Dieu, en l'autre monde, n'ait pas pour ceux qui en sont revétus, les mêmes égards qu'on a pour eux icy bas ; ni que des gens si distingués & si superieurs aux autres en cette vie, ne le soient pas aussi dans l'autre.

C'est ainsi que l'amour propre, par ses fausses maximes, répand de si épaisses tenebres sur les es-

prits, qu'il leur fait oublier juſques aux premiers principes de la
Religion, qui nous aprennent
que *la voye large & ſpatieuſe,
celle que tient la foule & le grand
nombre, eſt la voye de la damnation*; que le caractere du *chemin
de la vie eſt d'eſtre trez-étroit &
trez-peu batu*. Que la conduite
ordinaire de Dieu eſtant de *choi-
ſir pour ſon Royaume ce qu'il y a
ſur la terre de plus bas & de plus
mépriſable*; la naiſſance, la no-
bleſſe & la grandeur ſont d'ordinaire des caracteres de reproba-
tion: & qu'enfin au Royaume de
Dieu, *les premiers de ce monde ſeront les derniers, & les derniers
ſerout les premiers*.

XI.

Il eſt vray, dit un Beneficier,
que je reſide peu: mais ſans conter que je gouverne auſſi-bien de
loin, que de prez, le Troupeau
que Dieu m'a confié; le grand
nombre de Beneficiers que je vois

à Paris, si tranquiles à cet égard, me rassure fort, & me persuade aisément que le defaut de residence ne doit pas estre un peché : car ils savent les regles.

XII.

Il est encore vrai, dira un autre de ces Messieurs, que j'ay plusieurs Benefices : mais sans conter que j'en ay besoin pour me donner un équipage proportionné à ma naissance, ou à ma dignité ; qui est-ce qui se fait aujourd'huy un scrupule de cette pluralité ? peut-estre un ou deux entre mille. Mais ce sont des exceptions qui ne font point de regle, & qui n'empêchent pas qu'il ne fasse seur dans le parti du grand nombre. Cela se passe au vû & au sçû de toute l'Eglise, sans oposition de la part des Puissances. Il est vrai que quelques gens de bien en gemissent : mais ils ne savent pas que la discipline Ecclesiastique peut changer.

XIII.

Enfin c'est par ce même principe qu'un Religieux s'étourdit sur son relachement ; un homme de Robe sur ses injustes complaisances pour les sollicitations, un homme d'épée sur son libertinage & sa vie toute profane, un Marchand sur ses fraudes & ses voleries. Tout le monde le fait, dit-on, tout le monde en use ainsi : ce sont des usages établis. Les Confesseurs les aprouvent, ou du moins les soufrent. Il faudroit donc que tout le monde fût damné, Confesseurs & penitens : quelle aparence ?

XIV.

C'est ainsi que nous prenons pour principe de securité, ce qui devroit faire le juste sujet de nos craintes. Car si, suivant la parole de JESUS-CHRIST, le chemin de la foule & du grand nombre, est celui de la damnation ; & qu'au contraire celui qui mene à

422 Du cœur humain

4.part.
sect. 2.

la vie ne soit battu que d'un petit nombre de personnes ; ne devroit-on pas se trouver saisi d'une juste frayeur, de se voir ainsi associé au grand nombre ? Ce n'est pas simplement dans les sciences speculatives : c'est sur tout, dans la science des mœurs que cette parole a sa verité : *argumentum pessimi turba.* » Les justes, dit un » Saint, aperçoivent d'un côté la » voye étroite, & de l'autre la voye » large : dans l'une, ils voyent peu » de gens : & dans l'autre, la foule » du monde. Quel parti prendre » sur cela ? Si vous estes juste, dit le » Saint, ne vous determinez pas » par le nombre : mais par le meri- » te. Ne les contez pas : mais pe- » sez-les au poids du Sanctuaire.

*
S. Aug.
in Psal.
34. n. 6.

Si justus es : noli numerare, sed appende. * Si le nombre des insensés est infini, comme le Saint Esprit nous en assure ; il est visible que le nombre des sages doit estre trez-petit ; & qu'ainsi il y a bien des rencontres où la vraye sagesse consiste à estre sage tout seul.

4.part. sect. 2.

XV.

Assurément si l'on se sauvoit à vivre comme l'on fait communément dans le monde; je ne dis pas simplement dans le crime & le scandale; mais même de cette vie ordinaire d'oisiveté, de délicatesse & d'inutilité que ménent la plûpart des Chrétiens; il faudroit que Dieu se fût bien mécompté dans ses mesures, en prenant le dessein de créer des hommes, & que JESUS-CHRIST nous en eût bien fait acroire, en venant nous enseigner le chemin du salut.

On ne peut pas contester qu'en créant des hommes, Dieu n'ait eu dessein de s'en faire honorer par un culte vraiment spirituel, & que JESUS-CHRIST ne soit venu nous aprendre la maniere de ce culte, en nous enseignant que c'est par la priere, par la vigilance, par l'humiliation, par le renoncement de soy-même, par la soufrance, par la penitence & par l'amour de Dieu qu'on remplit les devoirs de ce culte. Il est encore également incontestable que ce n'est qu'à ceux qui rendront à Dieu ce culte, qu'il a promis une beatitude éternelle ; & que tous les autres ne doivent s'atendre qu'à des suplices éternels. Voyons donc en quelle condition, en quel état, en quelle profession se trouvent ces hommes fideles qui rendent à Dieu ce culte qu'il a eu dessein d'établir.

Passer la moitié de sa vie dans le sommeil : ne s'occuper le tiers de l'autre moitié que du boire, du manger, & des autres fonctions de la vie animale ; passer presque les deux autres tiers ou dans des divertissemens profanes : ou dans une pure oisiveté, comme les personnes de qualité : ou dans les embaras des affaires & du negoce, comme les gens de Palais & les Marchands ; & ne donner à Dieu, en toute une journée, que la recitation distraite & precipitée de quelque *Pater* le matin, & autant le soir. De bonne foy, la societé de ceux qui vivent ainsi, est-elle celle qui rend à Dieu le culte qu'il a eu dessein d'établir, & qui forme cette Religion qu'il a eu en vûë, & cette assemblée d'hommes qu'il a destinés à une gloire immortelle ? Quelle aparence ? Cependant qu'on y fasse reflexion, c'est la vie de la plûpart des Chrétiens. Il semble qu'ils ne soient faits que pour boire, pour manger, & pour les autres fonctions qui leur sont communes avec les bêtes. On diroit que la vie ne leur est donnée, que pour mettre tous leurs soins à se la rendre agreable, & que pour la passer dans les plaisirs, dans l'opulence & dans l'éclat ; & que tout ce qu'on dit de l'autre vie & de l'éternité ne les regarde point.

Qu'on juge donc sur le dessein de Dieu, & sur ce que JESUS-CHRIST nous a enseigné, s'ils doivent estre sauvez.

XVI.

Troisiéme artifice. Un troisiéme artifice de l'amour propre, pour nous donner de l'assurance dans les voyes les plus perilleuses, est de nous faire faire quelque bonne œuvre, & de nous faire remplir quelque devoir équivoque de vertu ; & puis nous flater que, par là, nous avons suffisamment acheté le droit de suivre le penchant de nos inclinations corompuës, & de perseverer dans nos déréglemens.

XVII.

Ainsi un concutionnaire, un voleur public faisant quelque present à une Eglise : ou quelques largesses aux pauvres, croit estre quitte de ses concutions & de ses voleries, & avoir, par là, acquis le funeste droit de les continuer en *4. part.* seureté de conscience. *sect. 2.*

XVIII.

Un homme de guerre jeûnant le Samedy en l'honneur de la Sainte Vierge : ou lui faisant regulierement tous les jours quelque courte priere ; se promet qu'en quelque déréglement qu'il vive d'ailleurs, il ne perira jamais ; & qu'il ne mourra qu'en état de grace. Eh ! plût à Dieu que cette illusion de l'amour propre ne se trouvât pas quelquefois autorisée du suffrage de gens qui par leur caractere sont destinés à enseigner la voye du salut !

XIX.

C'est encore une illusion assez semblable à celle-cy, que de substituer aux devoirs les plus essentiels quelques menuës devotions aisées, & quelques pratiques Juives & Pharisiennes qui s'ajustent aisément avec l'amour propre ; & de s'en faire autant de boucliers *Quatriéme Artifice.*

4.part. contre les traits de la Justice Di-
sect. 2. vine.

XX.

Que de gens, par exemple, menant une vie licentieuse, se promettent, sur la foy de quelques traditions humaines, de ne jamais périr, pourvû qu'ils disent, chaque jour, un certain nombre d'oraisons : ou qu'ils portent sur eux certains petits meubles de devotion ? On en voit qui ont tant de zéle pour la conservation & la défense de ces pratiques & de ces traditions ; qu'à leur consideration ils ne feront nulle difficulté de violer les Commandemens de Dieu, & la Charité même, qui est le premier & le plus grand des Commandemens.

XXI.

Cinquiéme Artifice. Une cinquiéme adresse de l'amour propre pour nous inspirer une fausse confiance dans les états les plus dangereux, est de nous faire prendre les dehors de la

Religion, pour la Religion mê- *4. part.*
me. XXII. *sect. 2.*

Ainsi un Ministre des Autels attentif aux fonctions exterieures de son ministere, ne se regardant que par ces dehors si specieux, ne comprend pas comme il se peut faire qu'un homme si assiduément occupé à chanter les loüanges de Dieu, à annoncer sa parole, à administrer les Sacremens, en un mot, à sauver les autres, puisse se perdre lui-même. Il ne veut pas s'apercevoir qu'il ne sert ainsi Dieu exterieurement, que pour se donner par là le moyen de satisfaire réellement ses passions, son avarice, son ambition, &c. ou plûtôt qu'il ne sert & n'adore nullement Dieu: mais uniquement ses passions : puisque pendant qu'il donne à Dieu quelques dehors; c'est à l'objet de ses passions qu'il donne tout son amour; cet amour, dis-je, dans lequel seul consiste le vrai culte de latrie, suivant cette parole de Saint Augustin : *Non colitur ille nisi amando.* N'est-ce pas proprement sur ces sortes de personne que tombent ces terribles maledictions que JESUS-CHRIST prononça autrefois sur ces gens qui *nettoyoient avec soin les dehors de la coupe & du plat, pendant que le dedans de leurs cœurs estoit plein de rapine & d'impureté* ?

XXIII.

Qu'il est à craindre que la même illusion ne se trouve en bien des Maisons Religieuses, où sous prétexte d'assiduité au corps exterieur des observances, on se croit en parfaite seureté, pendant qu'on n'a nul soin d'adorer Dieu en esprit & en verité ; nulle attention à regler les mouvemens de son cœur ; & qu'on est aussi vif sur les petits objets de ses ataches, que les gens du monde le sont sur les plus grands objets de leurs passions ? Que c'est bien des ames

de ce caractere, dont il est dit : *4.part.*
Ces personnes m'honorent du *c. 1. 2.*
bout des lévres : mais leur cœur
est bien loin de moy. *Populus hic
labiis me honorat : cor autem eorum longe est à me.*

XXIV.

C'est encore une des adresses *Sixiéme Artifice.*
de l'amour propre, pour nous
rassurer dans certains postes fort
perilleux, que de nous faire un
merite de certaines dispositions
que nous avons euës ou crû avoir,
par raport à ces postes : mais que
nous n'avons plus.

XXV.

Un homme s'est senti, ou a
crû sentir un extréme éloignement des emplois exterieurs, &
un violent penchant pour la retraite & la solitude. Il vient à estre
engagé dans ces emplois, par une
autorité legitime. Il s'y préte dabord : puis il s'y donne ; & enfin
il s'y abandonne, jusqu'à s'y naturaliser, jusqu'à s'y dissiper, jus-

4. part.
sect. 2.
ques à en oublier ses principaux devoirs, & jusqu'à s'y atacher de maniere à ne pouvoir plus s'en passer. Un tel état, si peu qu'il y reflechisse, doit le faire trembler. Mais l'amour propre le rassure si bien par le souvenir de sa premiere disposition; qu'il se fait, même devant Dieu, un merite de cet état, & une espèce de remplacement à toutes ses pertes. Il se flate que ce n'a esté que la force de l'obéïssance qui l'a empêché de suivre cette disposition; malgré son atachement à ces emplois, il se dit à lui-même, qu'elle est encore toute vive dans son cœur; & plus il voit d'obstacles à abandonner son poste: plus il se flate & se vante de le souhaiter, & de soupirer aprez la retraite.

XXVI.

Il en arive souvent autant à l'égard des Dignités, des Superiorités & des Charges Ecclesiastiques.

stiques. Tel ne les a regardées, 4.*part.* pendant un long-tems, qu'avec *sect.* 2, une sainte frayeur, & ne les a acceptées qu'à regret & avec peine, qui s'y acoutume si bien en peu de tems, qu'également persuadé & qu'il est fait pour elles, & qu'elles sont faites pour luy ; il se donne tous les airs qui doivent naturellement naitre de cette creance presomptueuse. Il domine sur ceux qu'il n'avoit eu en vûë que de servir. Il change en une vie mole & effeminée, une vie toute destinée aux travaux & aux fatigues ; & il se fait enfin une situation également agreable & honorable du poste du monde le plus perilleux. Les craintes & les inquietudes s'élevent quelquefois, en cet état : mais on les calme aisément par le simple souvenir de l'ordre de Dieu, suivant lequel on s'y est engagé. Comme si un engagement legitime devoit servir de caution à toutes les mauvaises suites qu'il a par notre faute; & comme si Saül, si legitimement élevé à la Royauté, par un ordre exprez de Dieu; en avoit été moins reprouvé pour les fautes qu'il commit dans son gouvernement.

XXVII.

Septième artifice. C'est une illusion assez semblable à celle-cy, que de se flater, sur l'idée qu'on se forme de certains états de perfection & de vertu, qu'on a effectivement les dispositions qui y répondent; & de s'en faire un sujet de confiance, quoiqu'on en ait de toutes contraires.

XXVIII.

Que de gens, par exemple, dont la vie est toute dans l'agitation & le tumulte, se flatent, sur l'idée qu'ils se forment de la solitude & de la desocupation, qu'ils auroient assez de force pour soutenir l'une & l'autre? Ils y pensent quelquefois : ils s'en entretiennent avec plaisir : ils s'en font un honneur & un merite auprez de leurs amis, & beaucoup plus auprez de Dieu. Et cette pensée ne troublant point la joye qu'ils goutent dans le commerce ; plus les liens qui les atachent aux affaires, sont difficiles à rompre ; plus ils s'empressent de témoigner en souhaiter la rupture ; & ils prennent tant de soin d'embelir cette idée de solitude, qui ne sera jamais qu'idée ; ils s'acoutument si bien à la regarder par ses plus beaux endroits, qu'ils seduisent non seulement les autres ; mais eux-mêmes ; qu'ils jureroient qu'ils en souhaitent effectivement la realité ; qu'ils s'en croyent beaucoup plus vertueux, & plus estimables ; & que loin d'entrer en défiance de leur état, ils n'y trouvent qu'une parfaite seureté.

XXIX.

Cette illusion est un excellent

secret, non seulement à un homme d'affaires, pour se donner, à peu de frais, le merite de la solitude : mais aussi à mille autres gens, pour se faire de semblables merites. A un gueux, le merite de la liberalité ; à un homme à qui tout rit, le merite de la patience ; à un homme d'un temperament delicat, le merite de l'austerité ; à un homme d'autorité, le merite de l'obéïssance ; à un homme né dans l'opulence, le merite de la pauvreté ; & ainsi du reste.

XXX.

Un huitiéme artifice de l'amour propre, est de faire, qu'on ne se regarde jamais que par son bel endroit, c'est-à-dire, par ce qui paroit, en soy, de plus regulier ; & d'inspirer, par là, une telle assurance, qu'on n'ait pas la moindre défiance sur tout le reste ; & qu'on s'aveugle cepen dant sur des defauts trez-considerables.

XXXI.

D'où vient, par exemple, que tant de Communautés de Vierges qui ont fait profession d'une Regle trez-austere & trez-penitente; ou du moins d'une vie trez-pauvre & trez-modeste, trez-reguliere & trez-recueillie, & d'une vie enfin trez-degagée des passions du monde, se font de somptueux batimens; s'étendent tout autant qu'elles peuvent dans les Villes, rencherissant, dans cette vûë, les unes sur les autres, pour emporter une maison, ou un morceau de terre ? D'où vient que quelque vocation qu'ait une fille, elles lui vendent si cher la grace de faire, avec elles, profession de pauvreté; que faute d'une somme considerable, elle n'y peut parvenir ? D'où vient enfin que pardessus cette somme, elles l'engagent encore à exiger des parens une petite rente pour les menus besoins ; sans quoy non seulement on ne les leur fourniroit pas ; on les laisseroit même quelquefois manquer du necessaire. D'où vient, dis-je, que ces Epouses du Fils de Dieu s'aveuglent si prodigieusement sur des choses si essentielles ; qu'avec tous ces defauts, elles se croyent dans une parfaite seureté ? C'est qu'elles ne se regardent jamais que par leurs beaux endroits ; par l'excellence de leur vocation ; par cette édifiante assiduité aux observances regulieres ; par ces austerités, cette affreuse separation du monde, cette aplication aux choses de pieté ; & se trouvant, en tout cela, bien superieures aux personnes engagées dans le siecle ; elles content que Dieu leur en doit de reste ; & ainsi, ou elles ne s'aperçoivent point des defauts que nous venons de marquer : ou si elles les entrevoyent ; les unes

les content pour rien ; & les autres les trouvent bien remplacés
par ces autres œuvres de sureroga-
tion.

4.part.
sect. 2.

XXXII.

D'où vient que ce spirituel qui
est si delicat, que tout le blesse ;
si orgueilleux, qu'il ne peut souffrir qu'on lui dise une de ses verités ; si vindicatif, qu'il ne sauroit pardonner ; si avare & si interessé, qu'il plaide pour les moindres bagatelles ; vit cependant
avec aussi peu de crainte, & autant de confiance, que s'il avoit
une revelation expresse de sa pre-
destination ? C'est qu'il fait regulierement, tous les jours, deux
heures d'oraison ; & qu'il ne soupçonne pas même qu'on puisse se
perdre avec cela. Son oraison ne
sert qu'à lui faire illusion : c'est
son bel endroit ; il ne se regarde
que par là : elle lui fournit les
moyens de répandre sur ses plus
favorites passions un air de pieté,

en les couvrant d'es voiles imposteurs, tantôt de la gloire de Dieu, puis de l'obligation de soutenir sa dignité & son caractere : quelquefois de la charité du prochain, & d'autres semblables fausses livrées.

XXXIII.

D'où vient que cet homme de Cour qui n'a ni moins de vanité, ni moins d'ambition que les autres, & qui n'est ni moins plein des fausses maximes du monde, ni moins ataché à ses pompes ; se croit neanmoins beaucoup plus en seureté pour le salut ? C'est qu'il entend plus souvent la Messe, & aproche plus fréquemment des Sacremens ; & que ne se regardant que par ces endroits, leur faux éclat lui dérobe la vûë des déréglemens de son cœur. Et ainsi chacun va se seduisant soi-même sous ces specieux pretextes de spiritualité ; sans prendre garde que quelques exercices exterieurs

de pieté peuvent trez-bien s'exer- *4.part.*
cer & se continuer toute la vie, *sect.2.*
sans choquer ni blesser les passions
qui tiennent le plus au cœur.

XXXIV.

Enfin un des plus ordinaires re- *Neu-*
tranchemens de l'amour propre *viéme*
contre les reproches de la raison, *artifice.*
& les remords de sa conscience ;
c'est une fausse idée qu'il se fait
de la misericorde de Dieu. Il se figure dans cet Estre Souverain une
misericorde & une bonté toutes
humaines, bonté de femmelette,
qui n'a pas la force de punir ; &
avec cela, il se croit tout permis,
il ne craint rien de ses desordres,
& ne regarde les plus grands crimes, que comme un beau sujet à
Dieu, d'exercer sa misericorde.
C'est cette fausse idée qui entretient la plûpart des hommes dans
la negligence de leur salut. Il
semble qu'ils soient convenus de
se faire sur cela mille illusions mutuelles ; & qu'ils ne connoissent

Dieu que par l'atribut de sa bonté & de sa misericorde ; tant ils prennent de plaisir à les relever. Ils ne doutent point que sa misericorde ne soit infinie ; & ils ont raison : l'infinité est essentielle à toutes ses perfections. Mais ils ne prenent pas garde que sa justice l'est aussi ; & qu'ainsi, si l'une leur est un sujet d'une extrême confiance ; l'autre leur en doit estre un d'une terrible crainte. Ils devroient donc penser que la misericorde, quoiqu'infinie en Dieu, n'est pas neanmoins sans regle ni sans mesure dans ses effets. Elle est reglée par sa sagesse & par sa justice ; & elle ne s'opose point à ce que Dieu doit à celle - cy. Quelle misericorde Dieu ne fait-il point aux plus grands pecheurs en ce monde ? Avec quelle bonté ne leur conserve-t-il pas la vie, & ne les atend-il pas à penitence ? Quels secours, quels avertissemens exterieurs & interieurs ne leur donne-t-il pas. Il les invite, 4.*part.* il les reprend, il les presse, il les *sect.* 2. menace, il les effraye ; & tout cela pour les ramener & leur pardonner. Si donc, malgré cela, ils continuent de marcher dans leurs voyes ; la misericorde ne permettra-t-elle pas bien à la justice d'avoir son tour en l'autre vie ? & ne sera-t-il pas de l'ordre qu'ils éprouvent alors la justice de celui dont ils ont méprisé la misericorde ? *Experieris justum, quem contempsisti benignum.* Gardons-nous donc bien, dit Saint Augustin, *de donner tant à la misericorde de Dieu, que nous luy ôtions la justice.* *

* Nontibi sic videatur Deus misericors, ut non videatur justus. *Enarr. in Psalm.* 102.

4.part.
sect. 2.

CHAPITRE VIII.

Des illusions que l'amour propre nous fait sur la mort.

I.

Rien n'est plus certain que la mort. Quand la foy ne nous l'aprendroit pas ; quand nous n'aurions pas cette longue suite d'experiences ; ou, pour parler ainsi, cette constante tradition de morts, dont nous avons été comme témoins, & que toutes les histoires les plus certaines nous atestent ; la seule consideration naturelle de la structure du corps humain ne nous permettroit pas de douter qu'il ne dût naturellement se déranger & se détruire avec le tems. Quand on considere un peu de combien de diverses & de délicates parties la vie de ce corps dé- 4.part. pend; le peu d'effort qu'il faut sect. 2. pour leur faire perdre cette disposition à laquelle la vie du tout est atachée, que le dérangement d'une seule entraine souvent le boulversement de toutes les autres; & que cependant ce corps si délicat est nuit & jour exposé, malgré lui, à l'action & au choc de mille corps visibles & invisibles qui tendent à le miner & le détruire, on trouve qu'il y a bien plus de sujet de s'étonner qu'on puisse conserver ces maisons d'argile les soixante & quatre-vingt années; que de les voir à la fin se ruiner absolument.

II.

Aussi personne n'apelle de cette verité; & ce n'est nullement sur sa certitude que l'amour propre nous fait illusion : ce n'est que sur le tems, sur la maniere, & sur ses suites. Mais il est vrai qu'il nous en fait de si continuelles & de si funestes, sur ces trois chefs ; qu'il rend, par là, absolument inutile la persuasion où nous sommes de la certitude de notre mort ; de sorte qu'on est toûjours surpris de cette derniere heure ; que souvent on meurt sans y penser, & de toute autre maniere qu'on ne s'atendoit ; qu'on meurt toûjours plûtôt qu'on ne pense, & que les choses se passent aprez la mort tout autrement qu'on ne se flatoit.

§. I.

Illusions sur le tems de la mort.

I.

L'Amour propre n'a pas de peine à faire sur cela illusion à la jeunesse : car quoique dans les jeunes gens, comme dans les vieillards, chaque moment du tems puisse être

le dernier de notre vie ; quoique, 4.*part.*
à proprement parler, on com- *sect.* 2.
mence à mourir, dés qu'on commence à vivre ; & que cette dif-
sipation imperceptible des parties
les plus subtiles qui entretiennent
la vie du corps, ait commencé
dés qu'on a vû le jour, & mettent les jeunes aussi-bien que les
vieux dans la necessité de reparer
cette perte par les alimens ; l'a-
mour propre dans les jeunes gens
fait si bien détourner leur esprit
de ces vûës chagrinantes, & les
porter à ne se regarder que par
raport aux vieillards ; & il a tant
de soin de grossir dans leur imagination les soixante & quatre-
vingts années, que les leur faisant prendre pour une espêce d'é-
ternité, il n'a pas de peine à leur
persuader qu'ils ne font que commencer à vivre, & que leur mort
est trez-éloignée. Ajoûtez à cela,
que la chaleur du sang qui boüil-
lonne dans cet âge, donne un

4.part. sect. 2.
sentiment de vigueur & de confiance, trez-propre à justifier les illusions de l'amour propre, & à le cautioner dans ses trompeuses promesses.

II.

C'est particulierement sur la foi de ce sentiment trompeur, que l'on s'étourdit sur les exemples des morts si frequentes des jeunes gens même, & sur le grand nombre des causes ordinaires ou violentes qui peuvent leur ôter la vie. Et ainsi chacun suit ses voyes, travaille à son établissement, cherche à faire fortune, bâtit des édifices comme pour une éternité, & se jette aveuglément en des engagemens & des entreprises d'une suite infinie, souvent dans le tems même où l'on va couper celle de ses jours.

Helas ! qu'il y a d'hommes sur la terre, à qui (si l'on connoissoit leurs secrettes dispositions) on pouroit justement chaque jour

anoncer cette terrible nouvelle, *4.part.*
& qui devroient s'estimer hureux *sect. 2.*
qu'on leur fit cette salutaire reprimende de l'Evangile. *Insensés que vous étes ! on va cette même nuit vous redemander votre ame. Eh! que deviendront tous ces aprêts ?* Pour qui seront ces grosses charges, ces riches terres, ces belles maisons, ces monstreux amas d'or & d'argent ? *Et quæ parasti cujus erunt ?*

III.

Il ne faut pas croire que le tems nous rende sur cela plus sages ni plus circonspects. Comme à l'âge de trente & quarante ans il se trouve un peu plus de consistence dans le temperament, ou plûtôt un peu moins d'inégalités que dans la jeunesse, c'est alors que l'amour propre nous persuade que nous sommes inalterables ; & qu'il ne nous laisse voir la mort que dans un éloignement d'où il n'est pas possible qu'on en soit éfrayé:

4.part. sect. 2.
on a beau en voir tous les jours mourir de même âge, on ne manque pas de se flater qu'on est de bien meilleure constitution qu'eux. C'est toûjours la faute des morts, de ce qu'ils se sont laissé mourir ; c'est qu'ils ont fait des excés, c'est qu'ils ne se sont pas ménagés, c'est qu'ils se sont tués à force de remedes, ou qu'ils n'en ont pas assez fait. Aprés tout, c'est qu'ils étoient d'une mauvaise constitution, c'étoit des corps cacochimes ; en un mot, c'est qu'ils étoient d'un autre temperament que nous ne sommes.

IV.

Enfin est-on parvenu à l'âge de soixante-dix ou quatre-vingts ans, on sent veritablement bien que la vie échape. Mais ce sentiment ne servant qu'à en augmenter l'amour, ne sert aussi qu'à donner lieu à l'amour propre de nous faire de nouvelles illusions. On rapelle sans cesse dans son esprit les plus longues vies dont on a oüi parler, on ne jette plus les yeux que sur ceux qui font alés jufques à six vingts ans & au de là ; & plûtôt que de manquer de fujets d'efperance, on paffe même, s'il le faut, jufqu'à Matufalem, & l'on fe flate que ce qui lui eft arivé de vivre fi long-tems, pouroit bien auffi nous ariver : & ainfi quelque voifine que foit la mort, ou l'on n'y penfe pas, ou fi l'on y penfe, ce n'eft que pour la congedier & la releguer jufque dans les tems les plus reculés.

4. part.
fect. 2.

V.

Mais ce n'eft pas encore là le terme des illufions de l'amour propre fur ce fujet, il les pouffe jufque dans les dernieres & plus extrêmes maladies. On fe fent preffé d'une groffe fiévre, oprimé d'une violente fluxion fur la poitrine, abandonné des medecins, fans croire pour cela en devoir mourir ; & l'on a vû des gens condamnés fans resource, ne recevoir les derniers Sacremens que par déférence pour ceux qui les assistoient, sans croire en avoir besoin, & pleins de confiance qu'ils en reviendroient. C'est encore icy où souvent un certain sentiment, ou de force, ou d'adoucissement dans le mal, seconde beaucoup l'amour propre dans ses illusions. Tandis qu'on se sent plein de vie, on ne peut pas se persuader qu'on soit sur le point de mourir; & c'est particulierement aux aproches de la mort, que ce sentiment seducteur nous arive. La nature fait alors d'ordinaire un éfort pareil à celui d'une chandelle qui est sur le point de s'éteindre: un sentiment agreable acompagne cet éfort, & ce sentiment est capable de seduire une ame atachée à la vie, jusqu'à luy faire croire qu'elle est échapée des mains de la mort. Quelquefois aussi le mal vient à un tel excès,

CONSIDERE' EN LUI-MESME. 453
qu'on ne le fent plus, & cette 4.*part.*
exemption de fentimens doulou- *fect.* 2.
reux mife en œuvre par l'amour
propre, fait croire à ces ames,
qu'elles fe gueriffent & qu'elles
font fauvées. Et ainfi il arive ju-
ftement que le tems où ces pauvres creatures content le plus fur
ces fentimens trompeurs, eft pré-
cifément celui où elles font le
plus prés de paroître devant le
jufte Juge; & j'avouë que je ne
crains rien tant pour elles, que
de les voir dans une violente maladie, me dire qu'elles fe portent
bien.

VI.

Ce qu'il y a en cela de plus déplorable, eft qu'il femble que
ceux qui font auprés des malades, leurs parens, & ceux même qui fe difent de leurs amis,
foient d'intelligence avec leur
amour propre, pour les perdre.
Dans quelque danger qu'ils les
voyent de mourir, leur plus grand

soin est de le leur cacher : on défend aux Medecins & aux Ecclesiastiques même qui les abordent, de leur en parler; & si on les porte à recevoir les Sacremens, c'est toûjours en les assurant qu'il n'y a point de danger. Cruelle assurance, sous la foy de laquelle la plûpart des malades ne reçoivent les Sacremens que par ceremonie, & negligent de donner à leur conscience tout l'ordre qu'ils y donneroient, s'ils connoissoient le danger où ils sont. Puisque la plûpart des hommes veulent atendre cette derniere heure pour mettre leur salut à couvert, que ne prennent-ils au moins des mesures pour en estre avertis? que ne défendent-ils à leurs domestiques, sous les plus grandes peines, de les laisser surprendre: que les grands Seigneurs n'ont-ils un serviteur fidele sur qui ils se reposent du soin de les avertir de cette derniere heure, lorsque tout

le monde conspire à la leur ca- 4. part.
cher ! Ils ont des Suisses à leur sect. 2.
porte, des Gardes, des Capitaines des Gardes, contre les surprises des hommes; & n'ont pas un seul homme pour les preserver des surprises de la mort, lors même qu'elle vient la tête levée & démasquée ! Que diroient-ils d'un Capitaine des Gardes, ou d'un domestique qui auroit sçû une conjuration contre eux, sans les en avertir ! les excuseroient-ils sur ce qu'ils auroient aprehendé de les chagriner par cette mauvaise nouvelle; ou d'augmenter leur mal, s'ils étoient malades ? Et cependant ils souffrent qu'on en use ainsi sur la plus funeste de toutes les conjurations !

§. II.

Illusions sur la maniere de la mort.

I.

Voila une partie des illusions que l'amour propre nous fait sur le tems de notre mort. Mais qui pourroit décrire celles qu'il nous fait sur la maniere ? On se flate toûjours qu'on la verra venir de loin, & qu'ainsi l'on aura tout le tems de s'y disposer. On sait que ce sera sur les dernieres dispositions dans lesquelles on se trouvera alors, qu'on sera jugé ; & l'on comte qu'on aura, & tout le tems, & tout le pouvoir de se les donner. On les reduit à si peu de choses, qu'on ne craint pas qu'elles puissent manquer. *Une Confession*, dit-on, *est bientôt faite: Un bon peccavi est bien-tôt dit*. Avec cela, fût-on fût-on le plus grand pecheur du monde : on sera sauvé. C'est ainsi que prevenu de ces illusions, on passe sa vie dans le libertinage & dans le crime : ou du moins dans la negligence & l'impenitence. C'est ainsi que chargé d'années, & même de maladies, on songe à toute autre chose qu'à la mort ; & qu'on se trouve à l'âge de soixante & dix ans, aussi peu desabusé & dégouté du monde, aussi agité d'ambition & d'avarice ; le cœur aussi plein de desirs terrestres ; & la teste aussi remplie de vains projets & d'établissemens de fortune, que si l'on avoit parole de vivre encore deux ou trois siecles. C'est ainsi enfin qu'avec des dispositions si directement opposées à une bonne mort, on va les yeux clos afronter le plus terrible de tous les dangers.

II.

Mais qui a donné parole à l'amour propre qu'il verra la mort venir de loin; & qu'il aura tout le tems de s'y disposer? Helas! combien de morts subites en des tems & des lieux où on ne les atendoit point! Mais je veux qu'il ait le tems de la voir venir. Je veux qu'une fiévre lente & respectueuse l'améne à petit pas à son chevet; & que pour la lui rendre moins affreuse, elle n'y vienne qu'en la compagnie de ses parens, de ses amis, & qu'en presence des Ministres de l'Eglise, tous disposés à le defendre de ses surprises & de ses insultes. Qui lui a dit qu'en des circonstances si favorables, il aura les dispositions propres à la recevoir: ou qu'il poura se les donner, dans un tems où l'esprit se trouve si partagé & si affoibli par les sentimens de la maladie? Il doit savoir que ces dispositions sont d'un ordre si different de tous les effets naturels; que même les plus sains, avec toute leur aplication, ne peuvent naturellement se

les donner; & que pour les acque- 4. part.
rir, tous leurs efforts sont absolu- sect. 2.
ment inutiles, si Dieu ne les leur
donne. Mais un pecheur doit-il
s'atendre que ce soit un bon
moyen d'engager Dieu à lui faire
ce presènt, dans l'extremité d'u-
ne maladie, que de passer dans
cette vûë, le tems de sa santé, dans
le mépris de ses Commandemens,
& le violement de ses ordres?
Aussi voit-on trez-souvent, que
les malades ne songent à rien
moins qu'à entrer dans ces dispositions. Leur maladie dure d'ordinaire huit ou dix jours. Ils en
passent les quatre ou cinq premiers
à croire que ce ne sera rien, & à
charmer leur mal, de toutes les
manieres possibles. Ensuite le mal
croissant les agite tellement, leur
cause un tel mal de teste, & par-
tage si fort la capacité qu'ils ont
de penser, qu'ils ne peuvent entendre parler de la moindre aplication d'esprit, & qu'ils meurent

ainsi sans avoir donné nul ordre à leur conscience.

III.

Un bon peccavi *est bien-tôt dit.* D'accord. Mais que sert de le dire de bouche, si on ne le dit de cœur. Or ce n'est ni la frayeur des jugemens de Dieu, ni la crainte des supplices qui le peuvent dire, ou le faire dire au cœur : ce n'est que l'amour de Dieu, & encore un amour assez fort pour changer les dispositions de ce cœur. Eh ! quelle force ne lui faut-il pas, pour changer en un instant des dispositions enracinées dans un cœur de pierre, & cimentées souvent par des habitudes de trente, quarante & cinquante années ? Une ame aussi saisie de frayeur & de crainte, que l'est celle d'un pecheur habituel, qui se trouve en cet état, est-elle bien disposée à produire un acte d'amour de Dieu de cette force ? Est-on bien preparé à aimer

CONSIDERÉ EN LUI-MESME. 461
Dieu preferabment à soi-même, dans le tems que la vûë pro-
chaine des plus horribles supplices, reveille tout ce qu'on a
de propre interêt ? Et l'amour
propre qui nous fait ces illusions,
& nous flatte de ces trompeuses
esperances, pendant que nous
sommes en santé ; nous promet-il
de nous quitter à l'extremité de
notre vie, & dans le tems où il
s'agit du plus grand interêt que
nous ayons jamais eu ? Quelle
aparence ? Il s'y trouvera avec
plus de vivacité que jamais ; & sa
vivacité ne servira qu'à nous remplir de frayeur & de crainte ; & à
nous empêcher de produire l'acte
d'amour.

IV.

Non, le changement du cœur
n'est pas l'ouvrage d'un moment
Dieu le fait quelquefois : mais ce
sont des miracles, sur lesquels on
ne doit pas conter, & auxquels
on ne peut s'atendre, sans le ten-

ter. L'ordinaire de sa Providence est de conduire un cœur, par divers degrés, jusques à la parfaite conversion: il le laisse combatre contre les vices, travailler à l'aquisition des vertus; prier, gemir, veiller, pleurer; & le mène ainsi imperceptiblement jusques au parfait amour de la Justice.

V.

On ne juge d'ordinaire de la bonne ou mauvaise mort des gens, que sur la reception, ou non reception des derniers Sacremens. Qu'un homme ait passé sa vie en scelerat; s'il a reçu les Sacremens en mourant, on tient son salut assuré; & au contraire, qu'un homme de bien & qui a vécu dans la justice, vienne à estre surpris d'une maladie qui ôte la liberté de recevoir les derniers Sacremens; son salut paroit, à bien des gens, fort douteux. Mais que tous ces jugemens sont trompeurs, & que le Souverain Juge en juge bien

autrement ! La derniere difpofi- 4.*part.*
tion d'un cœur à l'heure de la mort, *sect.* 2.
eſt d'ordinaire l'écot de la vie. Un
homme qui a vécu dans la juſtice,
ne la perd point, pour ſe trouver
ſurpris de la mort, ſans Sacremens ; & il eſt rare au contraire
qu'un homme qui a vieilli dans
l'iniquité, en détache ſon cœur
en quatre ou cinq jours de maladie, pendant leſquels il voit venir
la mort.

VI.

*Une confeſſion eſt bien-tôt fai-
re.* Pas ſi tôt, quand on a long-
tems vécu dans le deſordre ; & il
n'eſt pas ſi aiſé, dans un état de
trouble, de confuſion & d'inquietude, tel qu'eſt celui d'un pecheur qui ſe voit preſt à paroitre
devant Dieu ; de rapeler, dans l'a-
mertume de ſon cœur, les dereglemens d'un grand nombre d'années, & de découvrir à un Prêtre
mille crimes qu'on a toûjours eu
tant de ſoin de tenir cachés. Mais

enfin je veux qu'elle soit faite cette confession: le Prestre, qui, en toute autre conjoncture, devroit vous refuser l'absolution ; & qui vous la donne, à cause de l'extremité où vous estes ; vous promet-il le pardon ? vous assure-t-il que le Souverain Juge aprouvera sa Sentence ? Point du tout. Il y a long-tems qu'un des plus éclairés & des plus illustres Peres de l'Eglise s'en est nettement expliqué. *Nous donnons*, dit-il, *l'absolution mais nous ne promettons pas le pardon. Pænitentiam damus : veniam non promittimus.*

VII.

Y a-t-il donc rien de plus visiblement trompeur, que toutes les esperances dont l'amour propre nous flate sur le tems & sur la maniere, sur les circonstances & les dispositions de notre mort ? Et si l'on y pensoit un peu : pouroit-on se resoudre à donner la moindre creance à ce perfide seducteur

& à continuer de vivre, comme l'on fait, dans les plaisirs ; dans l'oubli de Dieu, & de ses devoirs, & dans l'impenitence ?

VIII.

Que ne craignons-nous, sur cela, les funestes surprises qui sont arivées à tant d'autres, & dont JESUS-CHRIST a pris tant de soin de nous donner une frayeur salutaire ! Sodome surprise par une pluie de feu & de soufre, au milieu de ses infamies ; & le monde entier surpris par le déluge, dans ses desordres & son impenitence, malgré cent années de prédication, sont les images dont JESUS-CHRIST même s'est servi pour nous marquer ce qui arive à la plûpart des hommes à la mort. Images à la verité vives & afreuses : mais aprez tout, bien au dessous de la realité qu'elles representent : car qu'est-ce qu'une punition passagere de feu & de soufre, en comparaison de ces insu-

466 Du cœur humain

4. part. sect. 2.

portables brasiers qui ne s'afoibliront, ni ne finiront jamais ; & de ces flammes devorantes, qui trouveront toûjours de quoi devorer, & à qui les reprouvés fourniront perpetuellement une matiere toûjours nouvelle, & incapable d'estre consumée par la plus terrible violence, & la plus immense durée ? Cela ne merite-t-il pas bien qu'on mette tous ses soins à éviter ces funestes surprises, sur tout aprez l'avis que Jesus-Christ même a bien voulu nous en donner ? Car ce n'est pas en l'air, ni sur de vaines conjectures qu'il nous en a parlé. Personne ne peut en estre mieux instruit que lui : puisque c'est lui-même qui doit nous surprendre, & qui sait parfaitement le jour & l'heure qu'il a pris pour cela. * C'est lui-même enfin qui, comme il nous en avertit, doit venir comme un laron, lorsqu'on s'y

* Sicut factum est in diebus Noë;ita erit in diebus Filii hominis. *Luc. c. 17.*

atendra le moins. *Veniam ad te* 4.part. *tanquam fur; & nescies quâ horâ* sect. 2. *veniam ad te.* * De quelle presomption ne faut-il pas estre, pour negliger un tel avertissement ; & pour se flater follement qu'on aura toûjours assez de tems; pendant que celui qui en est le maître nous dit le contraire? Etrange stupidité ! on ne veut point estre surpris dans les plus petites affaires temporelles ; & on ne craint point de l'estre dans l'affaire du salut éternel!

* Apocal. ch. 3.

§. III.

Des illusions qu'on se fait sur les suites de la mort.

I.

LEs illusions qu'on se fait sur la mort ne se terminent ni aux circonstances qui la precedent, ni à celles qui l'accompagnent: on s'en fait jusques sur ce qui la doit suivre. On est d'une telle indolence pour l'éternité, & d'une si grande vivacité pour le monde ; qu'on se regarde encore comme dans le monde, pour le tems même auquel on n'y sera plus. On s'y donne, par un tour d'imagination, une espêce d'être moral éternel, qui sert à se consoler, par avance, de n'y être plus phisiquement & réellement; & cette fiction d'esprit tient lieu, à bien des gens, d'un grand remede contre la crainte de la mort. II.

Pleins de cette noble idée qu'ils se sont, de tout tems, formée de leur propre merite; & qu'ils ont pris tant de soin de cultiver, d'embelir & de fortifier ; ils ne doutent pas qu'ils n'en ayent tracé une pareille dans l'esprit de tous les hommes ; & ainsi ils se regardent comme vivans éternellement au milieu d'eux, lors même qu'ils n'y seront plus, comme

l'illustre objet de leur veneration 4.part.
& de leurs regrets respectueux ; sect. 2.
& en un mot, comme perpetuellement environnés des magnifiques obseques de tout le genre
humain.

III.

Ils s'atendent que les Cercles,
les Academies, les Eglises même
retentiront de leurs éloges ; que
les petits & les grands fondront
en larmes à leurs funerailles ; &
que tout le monde criera, quel
dommage. Ils se flatent même
que les livres & les pierres, le
marbre & le bronze parleront
d'eux pendant toute l'éternité, &
donneront ainsi une espéce d'immortalité à leur merite. Et cette
image d'immortalité profane les
console de la perte de la vraie immortalité, & les étourdit, aux
aproches de la mort, sur leur
damnation éternelle.

IV.

Un faux brave, qui chargé de crimes devant Dieu s'en va afronter la mort dans une occasion où elle est comme assurée ; voit en même tems sa damnation aussi certaine : mais il s'étourdit, sur cela, par cette vûë confuse de la gloire dont on le couvrira aprez sa mort. Les lauriers dont on ornera son tombeau, le soutiennent & le consolent. Il se regarde comme multiplié, & comme faisant deux personnes, ou deux estres differens ; malhureux par l'un, & hureux par l'autre ; & plus charmé du bonheur de son être phantastique, que touché du malheur de son être réel, il sacrifie avec plaisir l'un à l'autre. Il regarde comme une seconde vie, plus glorieuse même que celle qu'il quitte, les Oraisons funebres & les trompeurs Eloges qu'on fera de sa vertu & de sa valeur aprez sa mort. Que si l'on n'est pas de naissance à devoir naturellement s'atendre à ces honneurs funebres; on se fait du moins un glorieux pis-aler de l'honneur d'avoir place dans quelque Histoire : ou enfin d'estre relegué dans quelque coin de Gazette, avec une foule de pareils insensés. Dans cette esperance on va d'un air intrepide insulter aux plus afreux dangers; & l'on court à la mort aussi guayement qu'au plus delicieux regal.

4. part. sect. 2.

V.

Mais, mon Dieu! que d'illusions en tout cela! Et déja qu'on se méconte étrangement sur tout ce qu'on atend de la part des hommes! Que cette espêce d'immortalité, dont on se flate dans leur memoire, est frivole! A quoi se reduisent tous leurs regrets, toutes leurs doleances, toutes les marques de souvenir & de reconnoissance qu'ils donnent?

souvent à ces deux mots, qu'on repete froidement, pendant deux ou trois jours : *Le pauvre Garçon, le pauvre Prince, le pauvre Seigneur! c'est dommage : il avoit de bonnes qualités!* Cela dit, on n'en parle plus, & on y pense auſſi peu.

VI.

Et qu'on ne se flate point icy de sa grandeur, de sa naiſſance, de ses emplois. Les plus grands & les plus diſtingués sont souvent le plûtôt oubliés. S'ils ont eſté gens de bien : on ne veut pas même y penser : parce que le souvenir de leur vie eſt une censure secrette de celle qu'on méne communément dans le monde. S'ils ont vécu dans le desordre ; on n'y pense qu'avec mépris : je dis même les plus libertins : parce que quelque dereglé qu'on soit ; les vûës d'équité & de juſtice, dont on ne se défait presque jamais, ne permettent pas qu'on eſtime ceux qui ont vécu dans le desordre. Ces Grands du

monde ont beau laisser, en mou- 4 *part.*
rant, des ordres pour sauver leur *sect.* 2.
memoire du naufrage; c'est inutilement que leurs proches leur
font dresser des Mausolées & des
Epitaphes honorables; ou on ne
les lit pas: ou si l'on s'en donne la
peine; ce n'est que pour pester
contre les injustes loüanges qu'on
y trouve; & pour substituer au
titre fastueux de *Haut & puissant*
Seigneur, par-tout où il se rencontre, ceux de *haut & puissant scelerat,*
haut & puissant voleur, haut &
puissant fourbe, insigne concussion-
naire, &c.

VII.

Voila le conte que l'on tient à
ces Messieurs de leurs hauts faits.
Voila où se reduit, la plûpart du
tems, cette idole d'immortalité
dont ils se flatent pendant leur
vie, & pour l'amour de laquelle
ils ont sacrifié leur bonheur éternel. Ils se sont donné de grands
mouvemens : ils ont fait bien du

474 Du COEUR HUMAIN

2.part.
sect. 2.

bruit & de l'éclat. Ce bruit a cessé ; & leur souvenir s'est dissipé avec le bruit. *Periit memoria eorum cum sonitu.* Souvent même on est tout surpris, qu'au bout de quelque tems, il ne reste pas la moindre trace de leur éclat & de leur grandeur. *J'ay vû l'impie*, dit un Prophete, *je l'ay vû s'élever & se guinder aussi haut que les cedres du Liban. Je n'ay fait que passer ; & il n'étoit déja plus. Je l'ay cherché ; & je n'ay pas même trouvé la moindre trace du poste qu'il avoit occupé. Vidi impium superexaltatum & elevatum sicut cedros Libani. Transivi : & ecce non erat. Quæsivi eum, & non est inventus locus ejus.* Que sont devenus tous ces tresors, tous ces riches ameublemens, tous ces superbes équipages, tous ces magnifiques batimens, tout ce nombreux domestique ? Helas ! dit le même Prophete, *ils se sont endormis ces hommes de richesses : ils ont dormi*

leur somme : & à leur reveil, ils 4.part.
n'ont rien trouvé entre leurs mains. sect. 2.
Dormierunt somnum suum, & nihil invenerunt omnes viri divitiarum in manibus suis.

VIII.

Mais enfin je veux (ce qui n'est asseurément pas) qu'on se souvienne d'eux aprez leur mort ; & que toute la suite des generations à venir se relayent pour les encenser, & pour porter leur memoire & leurs hauts faits jusques à la fin des siecles ; de quel usage leur sera cet honneur pretendu, s'ils ont le malheur de bruler éternellement dans l'enfer ? De quoi leur servira cette immortalité imaginaire, pendant qu'ils essuieront des suplices mille fois plus cruels que la mort ? Grande consolation de savoir qu'on est honoré en effigie dans un lieu où l'on n'est plus ; pendant qu'on est deshonoré en sa personne, insulté, outragé par les demons, & chargé d'ignominies à la vûë de Dieu & de ses Anges! Misérables creatures! on les loüe où elles ne sont pas; & on les déchire de toutes manieres où elles sont. *Laudantur ubi non sunt, cruciantur ubi sunt.*

IX.

Sans mentir la passion d'éterniser son nom sur la terre, & de faire parler de soy aprez sa mort, a quelque chose de bien extravagant, quelque sort qu'on doive avoir dans l'éternité; Car on moura ou dans la grace de Dieu, ou dans sa disgrace. Si c'est dans sa grace: on entrera pour toûjours en participation de sa gloire, de sa joye, de son bonheur: *Intra in gaudium Domini tui.* Eh! de quoi servira alors toute la gloire mondaine? de quel air la regardera-t-on? quel mépris n'aura-t-on pas pour tout ce qui fait icy-bas l'ambition & le plaisir des hommes vains? Que tous leurs plus grands honneurs, leurs loüanges, leurs éloges profanes paroîtront petits, puériles & badins. De ce haut faîte de gloire & de bonheur on regarde les plus éclatantes Couronnes, & les plus magnifiques Trônes de la terre, avec autant de dédain, qu'un serieux Magistrat passant à la teste de son Corps dans les ruës de Paris, regarde la Royauté de ces petites Reines d'un jour, qu'on y expose en parade à la vûë du peuple. Bien plus, si la beatitude dont on joüira dans le Ciel, étoit capable d'estre troublée ; elle le seroit assurément par la vûë des honneurs qu'on recevroit sur la terre, s'ils n'étoient que l'effet de l'ambition & de la vanité dont on auroit esté agité pendant qu'on l'habitoit.

4. part.
sect. 2.

X.

Que si l'on meurt dans la disgrace de Dieu ; comme on sera, à l'instant, précipité pour jamais dans ces flames devorantes où la rage, la honte & le desespoir seront dans le dernier excez ; de quoi poura guerir, dans cet afreux état de douleurs & d'ignominies, la vûë de la gloire & des honneurs mondains qu'on se sera atités sur la terre, par son orgueil & son ambition ? De quel adoucissement, de quelle consolation cette vûë seche poura-t-elle estre? Au contraire : comme on ne poura, en cet état, s'empêcher de regarder la recherche de ces vains honneurs, & de cette gloire frivole, comme la vraye cause de son malheur; leur vûë ne servira qu'à redoubler la rage & le desespoir. Et ainsi rien n'est ni plus insensé, ni plus extravagant, ni plus contre nos veritables interêts, que ce phantome de gloire dont on se flate d'estre suivi aprez la mort, en quelque état que celle-cy nous mette ; & il n'y eut jamais de plus fole, ni de plus funeste illusion.

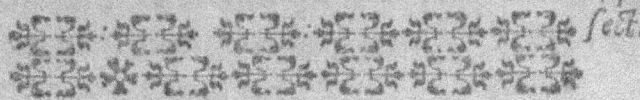
4. part.
sect. 2.

CHAPITRE IX.

Que l'amour propre se transforme ouvertement en amour de Dieu.

I.

ON peut dire que c'est icy le comble des illusions de l'amour propre. Il y a long-tems qu'on avoit remarqué que ce fourbe se glissoit imperceptiblement jusques dans nos actions de pieté; & qu'il arivoit souvent qu'on croit y chercher vraiment Dieu, pendant qu'on ne cherche que soy-même. C'estoit assurément déja un grand mal : mais du moins on prenoit des mesures pour s'en preserver ; on estoit en garde contre cet empoisonneur de nos bonnes actions ; & lors qu'on s'apercevoit qu'il vouloit s'en mêler : on faisoit tous ses efforts pour le bannir.

II.

Mais aujourd'huy les choses sont bien sur un autre pied. Cet imposteur a trouvé le secret de n'avoir plus besoin de se cacher, & de pouvoir, sans honte, marcher la teste levée. Que dis-je ? Il a trouvé l'art de se faire autant estimer & honorer que l'amour de Dieu même. Il ne faloit pour cela, que se transformer en cet amour divin ; & c'est enfin jusques où il a poussé ses artifices & ses illusions.

III.

Quelques Auteurs de ce siecle qui y ont esté pris des premiers, ne rougissent pas de lui prêter leur plume, pour lui aider à les répandre. Et j'avoüe que je n'ay pû voir, sans un extrême étonnement, qu'un d'entre eux, qui, sur d'autres sujets, a de la solidité,

solidité, ait esté un de ceux-là : 4.*part.*
& qu'il ait osé confondre l'amour *sect.* 2.
propre avec l'amour de Dieu :
car il soutient, avec une confiance infinie, qu'on ne peut aimer
Dieu que *par interêt*, que *par
amour propre : qu'il ne peut y avoir
une pure amitié dans notre cœur, à
l'égard de Dieu. Qu'il n'en est
point qui ne releve de l'amour de
nous-mêmes, & qui ne le recon-
noisse pour principe. Que la mesure sans mesure de l'amour de
soi-même, & ces desirs, qui sont
comme infinis, sont les seuls liens
qui nous attachent à Dieu ; que
quand l'amour de nous-même se
tourne vers Dieu : par l'interest du
bonheur qu'il en atend ; il se confond avec l'amour divin. Et qu'ainsi ce sont questions vaines & contradictoires*, que de demander si *les
Saints aiment Dieu plus qu'eux-
mêmes ; & qu'il aimeroit autant
qu'on demandât s'ils s'aiment eux-*

a part. mêmes, plus qu'ils ne s'aiment eux-
sect. 2. mêmes. *

* 2.me partie de l'Art de se connoître, chap. 6. & 8.

IV.

Ce qu'il y a en cela de bien étrange, c'est que les raisons dont cet Auteur appuye ces paradoxes, sont si foibles & si frivoles; qu'on ne comprend pas comment elles ont pû l'engager à les soutenir. On n'entreprend pas icy d'en faire voir le foible: ce n'en est pas le lieu : cela nous engageroit dans des abstractions & des secheresses qui ne conviennent pas à cet Ouvrage. Il s'en presentera peut-être quelque jour une occasion plus favorable.

V.

D'ailleurs ces paradoxes sont si visiblement opposés aux plus simples notions de la raison & de la foy ; que je ne puis croire que les fideles ayent besoin de pre-

CONSIDERÉ EN LUI-MESME. 483
servatifs contre leur poison.   4. part.

La raison leur dira que Dieu *sect. 2.*
ne doit pas estre moins delicat
que nous, en matiere d'amour;
& que c'est juger bien bassement
de cet Estre Souverain, que de
croire qu'aprez ne nous avoir
créés que pour estre aimé de
nous ; il puisse se contenter que
nous ne l'aimions que *pour notre
interêt*, que pour l'amour de
nous-mêmes ; & en un mot, que
d'une maniere dont nous ne serions pas contens que les hommes
nous aimassent.

VI.

Elle leur dira encore (cette
même raison) que s'il estoit vrai
qu'il ne pût y avoir dans notre
cœur *une pure amitié pour Dieu,
qui ne se raportât pas à nous-mêmes* ; il faudroit que Dieu se fût
bien méconté, en creant notre
cœur pour l'aimer : puisque c'est
une notion commune, qu'à par-
X ij

ler exactement, *on n'aime point ce que l'on n'aime que pour quelque autre chose* ; & qu'on n'aime un objet qu'autant qu'on l'aime pour lui-même & sans raport. *Non amatur nisi quod propter se amatur*, dit Saint Augustin. Et ainsi, selon cela, Dieu nous creant pour l'aimer, nous auroit mis dans une vraye impossibilité de l'aimer ; en nous reduisant à l'impuissance de l'aimer que par raport à nous. Car c'est encore une notion commune que ce que l'on n'aime que par raport à un autre objet, ne tient lieu que de moyen pour y ariver : or l'on convient qu'à parler proprement, on n'aime pas les moyens, mais la fin ; verité que Saint Bernard exprime si bien par ces paroles : *Quidquid propter aliud amare videaris, id plane amas quo amoris finis pertendit : non per quod tendit.* *

* *Tract. de diligend. Deo, cap 10.*

VII.

Enfin la raison leur dira encore, que n'aimer Dieu que par raport à nous ; c'est suivant ce qu'on vient de dire, prendre Dieu pour moyen, & se prendre pour fin. Mettre sa fin dans la creature : joüir de soi-même, & user de Dieu : ce qui suivant la raison, & le témoignage de Saint Augustin, est le dernier renversement de l'ordre : *Frui utendis, & uti fruendis.*

VIII.

Pour la foy, elle leur dira que puisque Dieu les oblige à l'aimer de tout leur cœur, de toute leur ame, de tout leur esprit & de toutes leurs forces ; il est visible que loin qu'il pretende n'estre aimé que par raport à eux, à peine paroit-il qu'ils puissent s'aimer eux-mêmes, du-moins d'un amour qui n'ait point de raport à Dieu : puisque celui qui leur demande tout leur cœur, declare assez qu'il ne leur en laisse nulle partie dont ils puissent se servir à s'aimer ainsi : ce qui n'empêche pas cependant qu'il ne soit vrai que nous nous aimons nous-mêmes, en aimant ainsi Dieu. Car puisque s'aimer, c'est se procurer du bien : il est vrai que nous ne nous en procurons jamais davantage, ni ne faisons jamais mieux nos affaires, qu'en ne songeant point à les faire, & qu'en nous oubliant nous-mêmes, pour ne songer qu'aux interêts de Dieu.

IX.

Enfin la foy & la raison se joindront encore pour leur apprendre qu'ils doivent aimer Dieu d'un amour de preference : c'est à dire, non seulement plus que leurs parens & que leurs amis; non seulement plus que la vie presente, mais aussi plus qu'eux-mêmes, plus que leur estre propre; & jusqu'à estre prests à retomber dans le neant, & à soufrir toutes sortes de suplices, plûtôt que de l'offenser.

4.*part.*
sect. 2.

Quand JESUS-CHRIST ne s'en seroit pas expliqué assez clairement, il ne faudroit que quelque idée de l'ordre, & de l'infinie difference qu'il y a du Createur à la creature, pour en tomber d'accord. Il ne suffit pas, dit « un illustre & solide Auteur, d'ai- « mer Dieu ou l'ordre, lors qu'il « s'accommode avec nôtre amour « propre. Il faut lui sacrifier toutes « choses, nôtre bonheur actuel, & « s'il le demandoit ainsi, nôtre estre « propre.

X.

Et de là il ne sera pas mal-aisé d'inferer contre les pretentions d'Abadie, 1°. que l'amour de Dieu doit estre trez-different de l'amour propre : puis qu'on doit aimer Dieu jusqu'à estre prest de lui sacrifier son propre estre, qui est l'unique apuy de l'amour propre. 2o. Qu'il est faux qu'*on ne puisse aimer Dieu que par interêt & par amour propre, & qu'on ne puisse avoir pour Dieu une amitié parfaitement independante de cet amour* : puisque l'aimer jusqu'à estre disposé à lui sacrifier son propre estre ; c'est l'aimer contre tous les interets & tous les penchans de l'amour propre.

3o. Qu'il est encore plus faux que *la mesure sans mesure de l'amour de soi-même soit le seul lien qui nous atache à Dieu* : puisque notre atachement, pour lui, doit aler jusqu'à s'oublier & s'aneantir soi-même, pour lui procurer un degré de gloire, s'il le souhaitoit.

4°. Que c'est n'avoir pas la plus

simple notion de l'amour de preference que nous devons à Dieu, que de traiter de *badines & de contradictoires les questions* par lesquelles quelques Auteurs *demandent si les Saints aiment Dieu plus qu'eux-mêmes*. Il est si constant parmi tous ceux qui ont quelque teinture de religion & quelque idée de Dieu, qu'on doit l'aimer plus que toutes choses & plus que soi-même; & JESUS-CHRIST nous a si nettement marqué cette verité dans l'Evangile, qu'on ne comprend pas comment des Chrétiens en peuvent douter ; & que tout ce qu'il y a à redire dans les questions que l'on propose là-dessus, c'est de ce qu'on les propose : puisqu'on ne devroit pas en faire une question.

XI.

Aprez tout, si l'on vouloit donner un autre tour & un autre sens à l'amour de soi-même :

4. par.
sect. 2.

& que, par là, on n'entendît que ce mouvement par lequel on ne s'aime que pour Dieu, que par raport à Dieu, que pour sa gloire, qu'afin qu'il soit toutes choses en tous ; que pour lui apartenir parfaitement, & que pour demeurer entre ses mains comme un instrument disposé à tous les usages aux quels il lui plairoit de le destiner ; on ne devroit faire alors nulle difficulté de confondre cet amour de soi-même avec l'amour de Dieu : puis qu'effectivement ce ne seroit qu'un vrai amour de Dieu ; & que, comme on l'a fait voir cy-dessus, *on n'aime point*, à parler proprement, *ce que l'on n'aime que pour quelque autre chose* : *Quidquid propter aliud amare videaris, id plane amas quò amoris finis pertendit, non per quod tendit.*

XII.

Mais qu'il est peu de gens qui s'aiment ainsi ! * & que c'est peu là le sens dans lequel Abadie prend l'amour de soi-même. Ce n'est pas pour Dieu qu'il veut qu'on s'aime : ce n'est au contraire que pour soy & pour son bonheur qu'il veut qu'on aime Dieu : Il porte son amour propre jusques dans le Ciel, & le confond avec l'amour que les Bienhureux ont pour Dieu. *Je demande*, dit-il, *s'ils peuvent aimer Dieu, sans sentir la joye de sa possession; & si l'on peut sentir de la joye, sans s'aimer soi-même, à proportion du sentiment qu'on en a?* *

Il est aisé de répondre que le plaisir que les Bienhureux sentent dans la possession de Dieu, les porte & les atache à Dieu, & non pas à eux-mêmes; ce n'est pas par raport à ce plaisir ni à cause de ce plaisir quils aiment Dieu. *Quoique le plaisir dont ils jouïssent*, dit un

4. part. sect. 2.

* Pauci se propterea diligunt, ut sit Deus omnia in omnibus. S. Aug. tract. 83. in Joann.

* Chap 6.

excellent Auteur, *les tienne insé-*
parablement atachés à Dieu ; ils
n'aiment point Dieu à cause du plai-
sir qu'ils en reçoivent. . . . Dieu est si
aimable, que ceux qui le voient tel
qu'il est, l'aimeroient au milieu des
plus grandes douleurs ; & ce n'est
pas l'aimer comme il merite de l'ê-
tre, que de l'aimer seulement à cause
qu'il est le seul qui puisse causer en
nous des sentimens agreables. . . . .
Le plaisir, dit-il encore plus bas,
qui est la recompense & l'atrait de
l'amour des justes, n'en est point la
fin : car les justes s'aimeroient au
lieu d'aimer leur bien. Dieu merite
d'estre aimé en lui-même ; & mê-
me la douceur que l'on goûte dans
son amour, nous éloigne de lui, si
nous arétant à cette douceur, nous
ne l'aimons pas pour lui-même : car
alors nous nous aimons au lieu de
lui. *

Concluons donc avec un saint
Amant, que *c'est déchoir de l'a-*
mour de Dieu, que de se rechercher

4.part.
sect. 2.

*
Conversations Chrétien Entretien 8e.

foi-même; * & disons avec lui: que je vous aime, Seigneur, plus que moi-même; & que je ne m'aime moi-même qu'à cause de vous & pour vous. *Amem te plus quàm me, nec me nisi propter te.* *

4. part. sct. 2.

* Ubi se-ipsum aliquis quærit, ibi aba-more cadit. *de imit. Chr. lib. 3. c. 5.*
* *Ibid.*

Fin du troisiéme Tome.

TABLE
DES TITRES
DU TROISIEME TOME.

DU Traité de l'Etre moral de l'homme.
Troisiéme Partie.
Du Cœur de l'homme, consideré par raport à la creature, & principalement par raport à son corps. page 1

SECTION I. *Des illusions les plus generales que les creatures, ou les objets sensibles font à notre esprit & à notre cœur.* p. 5

CHAP. I. *Que les objets sensibles font illusion par la vaine montre de qualités, ou de perfections qu'ils n'ont pas.* p. 6

CHAP. II. *Que ces illusions corompent le cœur.* p. 17

CHAP. III. *Que les objets nous*

TABLE.

font illusion par les aparences trompeuses d'une activité, ou d'une efficace qui ne leur conviennent pas. p. 20

CHAP. IV. *Remede à ces illusions.* p. 23

SECTION II. *Que les impressions du corps sur l'esprit conspirent à nous cacher nos dereglemens & nos devoirs.* p. 27

CHAP. I. *Obligation d'examiner les mouvemens de son cœur par raport aux impressions du corps.* p. 27

CHAP. II. *Combien les impressions que l'esprit reçoit par le corps, entrent dans nos mœurs & ont de pouvoir pour les varier.* p. 38

CHAP. III. *Que les impressions que l'esprit reçoit par le corps ne l'unissent pas simplement à ce corps & à toutes les choses sensibles ; mais même qu'elles l'en rendent esclave.* p. 43

CHAP. IV. *Que les impressions que l'esprit reçoit par le corps le couvrent de tenebres & l'aveu-*

TABLE.

glent. p. 51
CHAP. V. *Que les impressions que l'esprit reçoit par le corps, corompent le cœur.* p. 56
CHAP. VI. *Que c'est en substituant dans l'esprit les maximes de la chair & du sang aux veritès & aux regles immuables de l'ordre, que les impressions sensibles nous cachent nos dereglemens & nos devoirs.* p. 61
CHAP. VII. *Conclusion de cette Section.* p. 70
SECTION III. *Des causes des impressions que le cœur reçoit par le corps, & des illusions qui naissent de l'ignorance de ces causes.* p. 75
CHAP. I. *Des causes prochaines. Idée generale de ces causes.* p. 77
CHAP. II. *Des illusions qui naissent de l'ignorance de ces causes; & 1°. De la nature des esprits & du sang, de la constitution des fibres, & du temperament.* p. 82
CHAP. III. *Où l'on continuë à*

TABLE.

traiter des illusions qui naissent de l'ignorance de ces causes. p. 101

CHAP. IV. Des illusions qui regardent l'imagination. p. 116

CHAP. V. Où l'on continuë à faire voir les mauvais éfets de l'imagination. p. 136

CHAP. VI. Des causes éloignées des impressions du cœur & de leurs mauvaises suites. Et 1°. De la temperature de l'air du climat que l'on habite. p. 146

CHAP. VII. Des divers changemens du tems & des saisons dans un même climat. p. 151

CHAP. VIII. De la nature des alimens dont on use, & du genre de vie que l'on méne. p. 169

CHAP. IX. Des airs & des manieres, des discours & de la conduite de ceux avec qui l'on converse. p. 177

CHAP. X. Continuation du même sujet. Que tous les hommes ont dans leur corps des principes mécaniques de compassion & d'imi-

TABLE.

tation, qui sont de grandes sources d'illusions & de dereglemens pour le cœur. p. 193
§. I. Des éfets qui naissent des principes d'imitation. p. 197
§. II. Des éfets qui naissent du principe de compassion. p. 208
§. III. Continuation du méme sujet. p. 225
CHAP. XI. De la seule presence des objets corporels passionnés, ou non, animés, ou non. p. 259
CHAP. XII. Preservatifs contre les impressions & les illusions qui nous reviennent de la part des corps de dehors. p. 270

Quatriéme Partie.
Du Cœur humain consideré en lui-méme. p. 281
SECTION I. Reflexions sur les principales sources des illusions que les passions font au cœur humain. p. 287
CHAP. I. Que les passions ne nous laissent voir leurs objets, que par leurs beaux endroits & par ce

TABLE.

qu'ils ont de specieux & de legitime. p. 289

CHAP. II. *Commerce d'illusions & d'injustices entre les passions ; & qu'elles répandent sur leurs objets, d'agreables, ou de desagreables couleurs, suivant leurs interets.* 295

CHAP. III. *Que les passions nous portent à atribuer à leurs objets les mémes sentimens dont nous sommes frapés à leur presence.* p. 309

CHAP. IV. *Que les passions nous portent à croire que tous les hommes doivent estre également touchés de leurs objets.* p. 313

CHAP. V. *Que les passions ne nous plaisent, qu'autant qu'elles nous ménent à leur objet.* p. 319

CHAP. VI. *Que les passions nous representent comme possibles, & méme comme faciles les choses les plus impossibles.* p. 324

SECTION II. *Reflexions particulieres sur les illusions de l'amour*

TABLE.

propre. p. 330

CHAP. I. *Que l'amour propre se cache sous les livrées de la charité & sous d'autres aparences trompeuses, pour aler à ses fins dans la pratique des devoirs de la vertu.* p. 332

CHAP. II. *Que sous des couleurs seduisantes l'amour propre cache ses defauts, ses interets & ses fins, non seulement aux autres; mais à nous-mêmes.* p. 342

CHAP. III. *Où l'on continuë à traiter des illusions de l'amour propre.* p 357

CHAP. IV. *Commerce d'illusion que l'amour propre établit entre l'esprit & le cœur. Combien les pensées sourdes & clandestines entrent dans ce commerce.* p. 361

CHAP. V. *Que l'amour propre se dédommage toûjours sur quelque vice, ou quelque passion, du sacrifice qu'il fait des autres.* p. 391

CHAP. VI. *Que l'amour propre fait aler à ses fins par des voyes*

TABLE.

détournées & quelquefois même opposées. p. 399

CHAP. VII. *Divers artifices dont l'amour propre se sert pour nous donner de la confiance, dans les états les moins seurs pour le salut.* p. 408

CHAP. VIII. *Des illusions que l'amour propre nous fait sur la mort.* p. 444

§. I. *Illusions sur le tems de la mort.* p. 446

§. II. *Illusions sur la maniere de la mort.* p. 456

§ III. *Des illusions qu'on se fait sur les suites de la mort.* p. 467

CHAP. IX. *Que l'amour propre se transforme ouvertement en amour de Dieu.* p. 479

FIN.

pour le 3e. Tome.

Fautes à coriger.

PAge 8. ligne 9. ocper, *lisez* occuper. Pag. 81. l. 13. ne dependent que, *lis.* ne dependent gueres que. P. 126. l. 2. par ce contrecoup, *lis.* par contrecoup. P. 127. l. 2. éga   nt, *lis* également. P. 184. l. 18. oroix, *lis.* croix. P. 187. l. 17. au leu, *lis.* au lieu. P. 363. l. 2. l'ont fait, *lis.* l'on fait. P. 409. c'est est, *lis.* c'en est. P. 457. l. 2. on sera sauvé, *lis.* on se flate qu'on sera sauvé.

www.ingramcontent.com/pod-product-compliance
Lightning Source LLC
Chambersburg PA
CBHW050555230426
43670CB00009B/1134